LE CIEL T'AIDERA

SOPHIE KELLER

LE CIEL T'AIDERA

Robert Laffont

ISBN : 978-2-221-25310-6
Dépôt légal : mai 2021
Éditions Robert Laffont – 92, avenue de France 75013 Paris

« L'intelligence ne vaut qu'au service de l'amour. »

Antoine de Saint-Exupéry

À mes parents et mes mamitas
à mes enfants chéris, Victor et Anja
à Micha, l'indéfectible soutien

à mes amies de toujours, Pauline et Bénédicte

à toutes les femmes extraordinaires qui sont sur mon chemin

à Axelle Tessandier, ma cousine, la première à avoir cru à mon potentiel d'astrologue

à Lili Barbery, pour l'avoir si généreusement partagé

à Leila Echchihab, ma précieuse complice depuis mes premiers pas d'astrologue

à Marie Robert, pour avoir eu confiance en ce projet de livre et pour m'avoir guidée vers la bonne personne pour qu'il voie le jour,

merci infiniment à Sophie Rouanet

à Éric, l'ami toujours présent

à ma communauté si fidèle et bienveillante sans qui je ne serais pas celle que je suis

avec ma profonde gratitude pour tout votre amour.

Histoire d'une transformation

« Comment es-tu devenue astrologue ? » Cette question revient souvent et ma réponse est que nous ne savons pas comment les choses se font. Elles se font. Nous ne connaissons jamais le mystère qui trame notre existence, et c'est ce qui la rend si magique.

Je crois que l'on ne décide pas de devenir astrologue, il n'y a pas de voie tracée. Bien sûr, j'ai fait des études d'astrologie, le sujet m'intéressait, mais nos vocations sont généralement le fruit d'un élément déclencheur, et le mien fut sans doute un livre, dans le bureau de mon père, qui m'a captivée dès mon plus jeune âge. Selon la théorie de l'akène[1], développée notamment par le psychanalyste James Hillman[2], notre potentiel, en germe depuis la naissance, est souvent révélé par des événements *a priori* anodins de l'enfance… Dans ce bureau féerique digne d'un roman, parmi les milliers de livres et de bandes dessinées qui côtoyaient des dizaines de milliers de soldats de plomb, ses peintures et carnets de croquis, feutres,

1. L'akène constitue la graine, le noyau dur d'un organisme vivant en devenir, qui contient tout son potentiel. C'est le gland dont est issu le chêne et grâce auquel il ne peut devenir autre chose qu'un chêne.

2. James Hillman, *Le Code caché de votre destin*, Paris, Robert Laffont, 1999.

pinceaux et ustensiles en tout genre, mon père avait un livre noir et doré sur l'astrologie chinoise en couverture duquel étaient représentés douze signes dans une roue. C'était toujours avec joie et excitation que je l'ouvrais à la page de mon signe, le Tigre, qui est aussi celui de mon père et de sa mère. Le simple fait de le retrouver me propulsait dans un monde fascinant, comme si cet animal nous réunissait sur un autre plan, comme une initiation précoce à l'univers du symbolisme.

En astrologie occidentale, mon père était Lion, et je n'avais pas besoin de savoir quoi que ce soit sur ce signe pour deviner qu'il ne pouvait en être autrement pour cet homme charismatique et solaire, fier et courageux, généreux et égocentrique à la fois. Cette donnée a suffi à me convaincre une fois pour toutes que l'astrologie obéit à une loi supérieure, qui se vérifie dans la réalité de tous les jours. La personnalité de mon père était en effet si forte que j'ai projeté sur lui toutes mes ambitions et que, longtemps, j'ai cru ne pas pouvoir survivre à sa mort tant je m'étais identifiée à lui. C'est donc naturellement que j'ai suivi, comme lui, des études de droit, que j'ai même tenté d'apprendre le russe, et que je me suis convaincue de devenir avocate ou d'exercer une profession juridique qui ferait sa fierté. Le pouvoir le caractérisait. Pas celui que l'on attribue au monde politique, fait de stratégie et de manichéisme, où les bons finissent toujours par être sacrifiés. Il avait le pouvoir d'un magicien, celui de croire aux contes de fées. Sans doute mon ascendant Lion et mon Soleil en Balance au Fond de mon Ciel[1]

1. Le Fond du Ciel est l'un des quatre angles du ciel de naissance qui se situe le plus dans la profondeur du psychisme ; cette notion, avec celles de l'Ascendant et des angles, sera abordée ultérieurement.

– qui symbolise le père – n'ont-ils eu de cesse de retrouver et d'essayer d'incarner ce pouvoir magique qui tient son secret d'un mélange d'humilité et d'intégrité face au soi-disant pouvoir.

J'ai toujours su que ma vie serait différente de celle qui semblait s'annoncer, j'y aspirais profondément car je me *sentais* différente. Ma trajectoire dévia pour la première fois lorsque je choisis, à 14 ans, la pension de la maison d'éducation de la Légion d'honneur pour mes années de lycée. Mon attachement viscéral à ma famille n'eut pas raison de mon besoin d'affranchissement. Avec le recul, cette période d'introspection précoce me permit sans doute de développer une foi à toute épreuve. La solitude est souvent un choix inconscient pour se trouver. Sortie de pension avec un sentiment de joie et de libération totale, j'intégrai ensuite la fac de droit du Havre, où mon père enseignait et dont il était le doyen, sans me poser trop de questions.

*

Ma trajectoire dévia pour la seconde fois un an plus tard, peu de temps avant mes 19 ans. Quelques années plus tôt, j'avais fait la connaissance de Pierre-Stanislas, un garçon dont la personnalité transgressive et le charme provocateur me fascinaient.

Ce 26 septembre 1993, à trois heures du matin, il faisait nuit noire, il pleuvait. Pierre-Stanislas conduisait comme un fou ; à l'arrière, sans ceinture, je me cramponnais au siège devant moi. Quelques minutes avant l'accident, j'avais été prévenue. Je savais ce qui allait se passer, et que je n'allais pas mourir. Au moment où la voiture quitta la chaussée, une voix masculine très puissante s'empara de moi, m'intimant l'ordre de ne pas avoir peur et m'assurant qu'il ne m'arriverait rien. Était-ce mon ange gardien ? Était-ce Dieu en personne ? Était-ce mon *animus*[1] qui se réveillait ? Toujours est-il que je me trouvai à une place miraculeuse et que je sentis cette protection absolue. Ce n'était pas mon heure, et c'était écrit quelque part. Alors que je ne savais pas encore que Pierre-Stanislas était mort, je sortis de la voiture, en état de stupeur, regardant le ciel comme s'il s'ouvrait à la lumière divine dans la nuit noire. Une rencontre déterminante avec l'Univers, qui me démontra en quelques secondes que Dieu n'est pas celui que l'on m'avait décrit. Qu'il y a bien un ordre cosmique des cycles de la vie qui fait que l'on n'est pas entièrement libre, qu'il existe une programmation céleste qui structure nos existences.

19 ans est un âge karmique où l'on joue et rejoue quelque chose de sa destinée. À partir de cette nuit-là, de ma rencontre concomitante avec l'Univers et la mort, ma personnalité s'est construite pour éviter l'imprévu, pour me prémunir des accidents, de la maladie, de la fatalité, et pour tenter de répondre à la question : comment fait-on pour survivre au pire ? La perte d'un ami, d'un enfant… De là est née une recherche excessive de sécurité, le besoin d'être plus forte que la fatalité. Progressivement, je commence à comprendre que l'imprévu non désiré fait partie de la vie, et plus j'intègre cette donnée, mieux je me sens, même si l'assimiler sera sans doute le travail d'une existence tout entière. L'astrologie m'y aide beaucoup, non pas comme un moyen de contrôle mais comme un outil au service de mon libre arbitre.

1. L'*animus* est la partie masculine inconsciente de la femme, l'*anima*, la partie féminine inconsciente de l'homme ; le concept jungien de l'*animus* et de l'*anima* sera expliqué ultérieurement.

Ma vie d'adulte a commencé ainsi, quelque part entre la vie et la mort, avec une conscience très forte d'une protection supérieure. En même temps, je continuais mes études de droit. En 1997, mon père, qui venait d'être élu sénateur, m'embaucha en tant qu'assistante parlementaire, à mi-temps et au salaire plancher, pour être certain que je ne resterais pas longtemps à ce poste, soucieux aussi de ne pas privilégier un membre de sa famille. J'y travaillai deux ans en tant que juriste avant de partir expérimenter la « vraie vie » dans une agence de communication, en tant que chargée de relations presse. Je m'amusais plutôt bien, mais je me rendis rapidement compte que ce job assez ingrat n'était pas fait pour moi.

Je repris alors mon chemin politique, de la campagne de Jacques Chirac à l'élection de Nicolas Sarkozy, après laquelle je compris que je n'étais pas faite pour poursuivre l'aventure des cabinets ministériels. Mes seuls centres d'intérêt réels étaient alors mes lectures, des romans surtout, la nature et ma famille. Celle que je m'étais créée avec Micha, rencontré sur les bancs de la fac, et notre fils Victor, né le 9 juillet 2005.

*

C'est quelques mois après sa naissance que je vécus un moment clé de ma vie d'astrologue – qui paraît pourtant anecdotique. À l'époque, en dehors des livres d'astrologie chinoise du bureau de mon père et de quelques horoscopes de magazines féminins, l'astrologie n'occupait pas une grande place dans mon existence. Il suffit d'un rendez-vous chez le coiffeur pour changer la donne. La tête dans le bac à shampoing, entendant une discussion sur l'astrologie, j'osai demander à ma voisine de fauteuil la carte de visite de l'astrologue dont elle était en train de parler. Quelques jours plus tard, rendez-vous était pris dans son cabinet du XVIe ; j'étais surexcitée à l'annonce des merveilleuses informations dont elle allait me faire part.

Seules deux phrases marquèrent mon esprit : « Depuis juillet 2005, vous n'êtes plus la même » et : « Un secret va vous être révélé. » Or, Victor est né en juillet 2005. Quant au secret, il s'agissait sûrement de mon parcours initiatique astrologique qui n'avait pas encore commencé. La correspondance entre la date et l'événement suffit à me convaincre de l'efficacité de l'astrologie, pas uniquement sur le plan de la caractériologie, mais aussi dans son aspect événementiel. C'est à partir de ce moment que je commençai à dévorer des livres de développement personnel. Je m'inscrivis aussi à une formation de tarot qui abordait l'astrologie. Je découvris alors le monde des archétypes et du symbolisme, selon lequel notre psychisme fonctionne avec des images qui appartiennent à l'inconscient collectif[1] et à l'histoire de l'humanité, et m'ouvris à une conception plus holistique de la vie. Ce nouveau monde qui s'ouvrait à moi, je le devinais, avait bien plus de réponses à m'apporter que la médecine allopathique à laquelle je recourais jusqu'alors pour un rien, car j'avais toujours un petit bobo quelque part : depuis la pension, j'étais une véritable hypocondriaque qui cherchait des réponses à ce qui ne pouvait en avoir. Ces nouvelles connaissances représentaient un espoir de guérison.

---

1. Somme des expériences passées de l'histoire de l'humanité ; ce concept jungien sera expliqué ultérieurement.

En 2010, j'avais pris ma vitesse de croisière au Sénat, tout allait bien, malgré l'impression d'avoir fait le tour de mon job et de ne pas pouvoir beaucoup évoluer ; mais les rapports humains compensaient ce sentiment. Après un bref passage en Nouvelle-Calédonie auprès d'un ami nommé sous-préfet – ayant par ailleurs réalisé mon rêve de petite fille d'aller au Vanuatu où habitait une partie de ma famille –, de retour à Paris à mon poste d'assistante parlementaire, une fulgurance[1] me traversa : j'allais m'inscrire au concours d'administrateur-adjoint du Sénat. Comme si une main me guidait, je me connectai au site Internet du Sénat et vis qu'il ne restait qu'une journée pour s'inscrire. Ce que je fis. Avec la certitude de réussir. Pourtant, les chances étaient objectivement très faibles…

Pendant six mois, je ne fis que ça : travailler le concours, reprendre les maths – avec les probabilités et les statistiques – et mes bouquins de droit. Et puis courir, aussi, tous les jours, et apprendre à plonger – pour les épreuves sportives. Sur plus de cinq cents personnes présentes au départ, il n'en restait que cent soixante-dix après la présélection. Douze furent finalement reçues. Je fus la dixième. Pour la seconde fois de ma vie, j'y vis une rencontre inouïe avec l'Univers. Je sentis que tout ou presque avait été orchestré à un autre niveau, que je n'étais pas seule dans cette aventure. Un moment paroxystique de l'existence où tout semblait parfaitement synchronisé. Rarement je me suis sentie aussi puissante. Voire surpuissante. J'avais dorénavant

1. La fulgurance est une idée qui nous traverse comme une évidence ; ce n'est pas le mental qui est à l'œuvre mais une manifestation de la conscience supérieure qui s'impose au raisonnement et nous fait prendre les décisions justes, la plupart du temps.

un job à vie, bien payé, et il ne pouvait rien m'arriver d'autre que le meilleur.

L'exaltation avant la chute.

*

En parallèle de mon entrée dans l'administration, je me suis inscrite à une formation de quatre ans en astrologie. Mon travail me sécurisait mais ne me passionnait pas : c'était le deal. Toutefois le milieu politique, sa lâcheté, son égoïsme, son machisme, son mensonge commençaient sérieusement à nourrir ma colère. Le pouvoir n'est pas dans l'hypertrophie des egos ou dans les rapports de force qu'elle engendre. Pour moi, le vrai pouvoir est la capacité à transformer, à apporter de la lumière partout où la souffrance règne, et de l'intelligence pour faire évoluer l'humain, à se relier à la force de vie pour traverser la mort. Pour la Balance que je suis, le pouvoir, c'est la quintessence de l'amour qui est au cœur de la création.

Alors que je sentais qu'il allait se passer quelque chose d'énorme dans mon ciel en 2014, une de mes enseignantes en astrologie me dit, sans filtre : « 2014, c'est l'année où vous perdez votre père ! » Heureusement, j'avais appris et intégré que les passages planétaires peuvent aussi se vivre de façon symbolique. Au mieux, un deuil symbolique m'attendait donc cette année-là, avec un mois d'avril particulièrement confrontant.

Anxieuse comme je suis, j'appréhendais la mort de mon père comme une sorte d'apocalypse, et peut-être des choses plus graves encore. En avril 2014, je donnai naissance à ma fille. Une naissance comme un point de basculement qui sacralisa le choix de ne pas céder à la peur et de faire de la place à l'assouvissement de mon plus grand désir, celui d'avoir une fille. Au même moment, une proposition professionnelle en Suisse fut faite à mon mari, qui, une fois acceptée, engendra un changement de vie radical. Je partis le rejoindre en février 2015, un mois exactement après l'attentat contre *Charlie Hebdo*. Alors que mon existence basculait, c'est le destin de la France qui sombrait dans le terrorisme. Je me sentis l'âme d'un déserteur en validant la décision d'aller vivre dans l'un des pays les plus sûrs au monde.

Dans un premier temps, je n'eus aucune envie de travailler. Je n'avais fait que ça depuis la fin de mes études. Je désirais voyager, me former, prendre soin de moi. La réalité économique et l'ennui de mes journées me poussant à trouver une activité, je décidai de me consacrer à ce que j'aime : les thèmes astrologiques, suivant à la lettre les conseils d'un énergéticien parisien qui m'avait dit : « Si vous voulez vous lancer dans une activité indépendante, relancez votre profil Facebook. Ça vaut ce que ça vaut mais ça a le mérite d'être un cadre. Sans cadre, vous ne pourrez pas faire venir l'énergie à vous. » Je commençai à poster des idées, des fulgurances, des impressions.

Je consacrais la majeure partie de mon temps à marcher dans la nature, c'est elle qui me ressourçait et m'émerveillait de ses couleurs, de ses sons, du mouvement permanent des saisons. C'est dans la nature que j'entre en contact avec le divin. Je m'y sentais vivante, alors que le reste du temps, je dépérissais. Croulant sous la charge de travail que génère l'entretien d'une grande maison sur plusieurs étages, j'étais surtout épuisée, moralement, psychiquement, physiquement. Micha tout le temps parti aux quatre coins du monde, je me sentais seule, malgré mes abonnés Facebook chaque jour plus nombreux, et mes proches que je savais aimants en dépit de la distance. Je n'étais plus que l'ombre de moi-même. Personne ne me regardait, ne me courtisait ni ne me séduisait. Une partie de moi savait, comprenait, acceptait ; une autre souffrait et luttait. C'est ce que l'on peut appeler une mort symbolique. Celle de la personnalité qui s'identifie à l'image qu'elle renvoie et au désir qu'elle suscite, au poste qu'elle occupe et au statut qu'il lui confère. Trouver la femme que j'étais alors passait par accepter de n'être personne de spécial. J'y perçus aussi le subterfuge du mental pour ne pas aller de l'avant, et entendis une autre voix me dire de me faire confiance et de faire de ma passion mon métier.

Pour ce faire, je devais professionnaliser une pratique qui prenait une place de plus en plus importante dans mon quotidien. Chaque jour, des femmes essentiellement, entre 30 et 50 ans, entrepreneuses, courageuses, résilientes, me contactaient. Peu de problématiques affectives, mais des personnes qui, changeant de vie, tentaient d'en comprendre le sens. Parfois des femmes très éprouvées qui aspiraient à un mieux-être, à reprendre espoir. Ces échanges me touchaient, me bouleversaient, je me sentais en empathie totale sans être affectée pour autant. Pourtant, je suis dans l'affect, c'est ma nature ; d'ailleurs, beaucoup de mes clientes deviennent des amies, et je l'assume pleinement : la frontière est parfois floue mais je ne sépare pas Sophie de l'astrologue.

Depuis le début de ma pratique, une grande partie de mon approche consiste à rassurer, à dire : « Je vous comprends, ce que vous vivez et ressentez est normal, on va essayer de découvrir les enjeux de cette période, et surtout, sachez que tout est toujours en mouvement. » Et une autre consiste à redonner le pouvoir à celui qui pense l'avoir perdu ; ça marche, et j'en suis aussi surprise et amusée qu'émerveillée.

Sur le plan collectif, au moment même où je me lançais dans cette pratique, un changement de paradigme s'est accéléré. Au-delà de la politique et de l'élection d'Emmanuel Macron, il s'est passé quelque chose de plus profond, que je sentais depuis quelques années et qui est en passe de nous libérer de nos conditionnements. J'ai intégré ce paradigme à mon approche de l'astrologie en cherchant à donner du sens à ce qui, *a priori*, n'en a pas, en cherchant à relier les événements et les émotions à la dimension astrale pour en comprendre les enjeux et aider chacun à les traverser en faisant des planètes ses meilleures alliées.

Je savais que 2020 serait très intense, une année contrastée, conflictuelle et destructrice plus que toute autre, mais aussi une année de transition vers un nouveau paradigme, davantage en phase avec « l'ère du Verseau[1] », plus en phase avec les valeurs humaines et environnementales, plus inclusif, plus solidaire, plus libre aussi. Mais cela induit une révolution intérieure, le deuil des anciens schémas, ceux-là mêmes qui nous laissent à penser qu'ils nous sécurisent alors qu'ils nous figent. Avec l'apparition de l'épidémie de Covid-19, mes angoisses existentielles ont ressurgi avec force, mon sentiment d'isolement aussi, puisque la Suisse a fermé ses frontières avec la France, accentuant la distance avec mes parents et ma peur de ne pas les revoir vivants.

1. Un chapitre de cet ouvrage lui est consacré.

À la réouverture des frontières, le 15 juin, je décalai mon séjour prévu dans le Sud pour passer voir mes parents. Je reconnais ces moments où il y a urgence. Maman me demanda même : « Dis, tu vois la mort dans le ciel ? » En ce jour d'été, qui correspond à une éclipse de Soleil, je ressentis la mort partout, jusque dans le regard de mon père, qui s'infiltrait dans mes cellules, qui me fit même verser des larmes de compassion. « Oh ! tu sais, lui répondis-je, je ne vois pas la mort, l'astrologie est un outil de transformation, elle nous sert à être plus vivants, c'est tout. »

Quelques jours plus tard, mon père mourut dans son sommeil, au petit matin. Le 25 juin, jour de la reprise directe de Vénus après sa phase rétrograde, qui est la promesse d'une énergie d'amour à retrouver. Les arums, ces fleurs à la forme évocatrice, que mes parents avaient plantés pendant le confinement, et qui ne parvenaient pas à éclore, fleurirent ce jour-là. Depuis, je vois des cœurs partout. La symbolique du ciel liée au père prend aujourd'hui plus qu'hier toute sa puissance, le père biologique se confondant avec le père spirituel dans la promesse de son éternité. Ses valeurs d'intégrité, de bienveillance et de liberté ont encore plus de sens aujourd'hui dans mon cœur et s'intègrent dans mon être, l'amour plus fort que la mort.

Quelques clés avant de voyager dans les planètes

L'astrologie est un savant mélange de mathématiques et de magie, une discipline inclassable qui est à la fois une science et un art. Elle se fonde sur les bases de l'astronomie. D'ailleurs, pendant des siècles, les astronomes étaient tous astrologues, et l'astrologie fut même enseignée en médecine. Après l'âge d'or de l'astrologie pendant la période de la Renaissance, aux XVe et XVIe siècles, le divorce entre astronomie et astrologie est prononcé avec le sacre de la pensée cartésienne, au XVIIIe siècle, pour des considérations religieuses, également, l'astrologie étant perçue comme une discipline menaçante pour le pouvoir clérical étroitement lié à la monarchie. Elle est revenue en force au cours du XXe siècle grâce aux découvertes sur l'inconscient et le développement de la psychologie des profondeurs dont elle n'est pas dissociée, avec une accélération très nette depuis quelques années, liée au développement des nouvelles technologies.

Des données qui ne s'inventent pas

La question de savoir si l'astrologie est une science n'est de mon point de vue qu'un faux débat, car sa classification importe peu. Et si elle est souvent dénigrée par la science, c'est soit faute de connaissances, soit en conséquence de l'arrogance de cette discipline. Ce qui est en revanche fondamental, c'est que pour fonctionner, l'astrologie nécessite des règles, suivies avec une grande précision, de l'éthique, et surtout beaucoup de pratique. Les éphémérides et tous leurs chiffres, les signes, les maisons, les planètes, les aspects, les orbes : rien de cela, relié dans la grande matrice du temps avec ses dates, ses cycles et ses règles, ne s'invente, et l'astrologie est une discipline qui réclame concentration et maîtrise, car elle fait appel à notre cerveau gauche pour moitié qui fonctionne avec logique et rationalité.

La découverte de l'univers astrologique peut rebuter certaines personnes tant elle présente d'éléments cartésiens et de données. Si elle est indispensable, la compréhension de ces connaissances théoriques demande un temps d'intégration, mais elle n'est pas suffisante. Car pour pénétrer dans la magie de l'astrologie, il est nécessaire d'être à l'écoute de ses perceptions et ne pas se restreindre à la logique cartésienne qui, limitée, ne permet pas la synthèse, l'interprétation – qui relève davantage de l'art. Une fois ces bases assimilées, la règle, c'est qu'il n'y en a pas, justement !

En face de soi se tient une personne avec sa propre histoire, des milliers d'histoires en une seule, et toutes celles qui ont précédé sa venue au monde… et on voudrait lui expliquer qui elle est et prétendre savoir mieux qu'elle où elle en est de son parcours ; lui dire ce qui va lui arriver ? La vérité, c'est que ce formidable outil fonctionne dans un contexte de cœur-à-cœur, si l'on accepte de se faire tout petit face à ce que l'on ne comprendra jamais. On échafaude des hypothèses, on donne quelques grilles de lecture, on illumine le champ des possibles et on le balise de quelques dates, on constelle certains trous noirs et on y met beaucoup d'amour, on essaie d'être le meilleur messager possible, sans autre mission que celle que l'autre nous a confiée et on fait confiance à la magie de ce moment qui nous réunit dans la dimension sacrée d'un espace-temps qui ne doit rien au hasard.

Pour la lecture de cet ouvrage, je vous conseille de faire autant que possible appel à votre propre histoire. Ne cherchez pas à tout comprendre instantanément, soyez plutôt ouvert aux résonances que ce texte fait naître en vous, sans raisonnement excessif. Tout se mettra en place progressivement, à proportion de votre connexion à l'Univers dont le secret est la perception poétique de votre réalité. C'est là le secret de votre cerveau droit : relié à l'intuition et à la créativité, il vous permet de développer votre perception holistique du monde et de rendre vivantes vos connaissances astrologiques. Je vous en livre ici quelques clés indispensables.

Clés de connexion à l'Univers

Cultivez votre connexion à la nature à l'aide de marches méditatives, en prenant conscience de votre respiration. Elles vous relieront instantanément à la fréquence vibratoire du divin.

Cultivez votre connexion intérieure en vous accordant des moments privilégiés de solitude. C'est le vide qui vous relie au tout.

Cultivez votre sensibilité, votre capacité d'émerveillement et votre âme de poète, cela décuplera votre intuition.

Soyez attentif aux signes, ces messages qui ont pour vous une signification et qui ne peuvent pas être attribués au hasard. Par exemple, si les plumes blanches ont une valeur pour vous – notamment parce qu'elles sont attribuées aux anges – et que vous en voyez dix dans la même journée, c'est sûrement le signe que vos anges cherchent à se manifester. Si vous êtes désœuvré, que vous ne savez plus quoi faire de votre vie, et que vous recevez dans votre boîte e-mail une offre de formation qui vous séduit, cela peut être le signe qu'elle est faite pour vous.

Ne négligez pas les synchronicités[1], ces événements qui se produisent et n'ont *apparemment* pas de lien les uns avec les autres. C'est le fameux exemple de Carl Gustav Jung à qui sa patiente raconte son rêve d'un scarabée, alors même qu'un scarabée surgit par la fenêtre et se pose sur le bureau. C'est le jour où l'on pense à quelqu'un que l'on n'a pas vu depuis des mois qu'on le rencontre. Ce sont deux amies qui découvrent qu'elles sont rendues à la même page d'un livre. Les synchronicités démontrent un lien invisible impossible à expliquer, mais dont l'improbabilité prouve à elle seule qu'elles ne peuvent être attribuées au hasard.

De mon point de vue, d'ailleurs, **le hasard n'existe pas**, car tout est relié. Parler de hasard, c'est ne pas faire de corrélation entre une cause et un effet ; ce n'est pas parce qu'on ne la fait pas qu'elle n'existe pas. Être à l'écoute des signes et des synchronicités, c'est entrer en conscience dans le monde invisible qui est tout proche de nous puisqu'il se trouve relié à notre inconscient.

Soyez à l'écoute des messages de l'inconscient à travers les rêves, qui sont la voie royale de son expression, à travers aussi les oublis et les lapsus, et toutes

1. Ce concept jungien est expliqué au chapitre suivant.

sortes de phénomènes, inexplicables par la raison mais bien réels.

Attention toutefois à ne pas surinterpréter le moindre signe et à ne pas tomber dans une superstition qui finit par ne plus avoir aucun sens. Pour que cela fonctionne, il faut laisser la magie de la vie opérer : l'inconscient ne se manifeste pas quand on cherche à le contrôler, ou alors de façon très brutale, pour riposter. Ne soyez pas dans l'attente de quoi que ce soit : le mode opératoire des signes et des synchronicités est de survenir par surprise. Il n'y a rien à faire, il faut juste observer et cultiver sa capacité à créer des liens entre ce qui n'en a pas, *a priori*.

Cultivez la mémoire des dates : c'est ce qui m'a le plus servi dans mon travail. Je suis un ordinateur qui a une mémoire des chiffres, je ne note ni date d'anniversaire ni numéro de téléphone. Cela me permet d'établir instantanément des corrélations entre des événements et la position des planètes. Les chiffres ont aussi une dimension sacrée et il est important d'en saisir la vibration, plus que la symbolique, d'ailleurs, qui est toujours trop théorique.

Cultivez votre propre interprétation des faits. N'oubliez jamais que vous êtes votre maître intérieur, que vous n'avez besoin de personne qui sache à votre place. Ne donnez votre pouvoir à personne, et surtout pas dans le domaine du développement personnel. Enfin, ne donnez pas le pouvoir à l'Univers, car l'Univers est en vous.

N'oubliez jamais que tout est mouvement permanent et que l'énergie de l'Univers est circulaire. Créez du mouvement à l'intérieur de vous, soyez attentif au balancier permanent. Vous pouvez visualiser un 8 couché en bas de votre sacrum. Le 8 est le chiffre de l'infini. Cette énergie de l'infini est en vous et ne demande qu'à s'activer. C'est l'énergie de la Kundalini.

N'oubliez pas de danser ! Tous les jours, quelles que soient les circonstances. C'est, je crois, la meilleure façon de se reconnecter.

Les concepts de Jung au service de l'astrologie

Les travaux de Carl Gustav Jung sont à l'origine de la réhabilitation actuelle de l'astrologie et du lien qu'elle entretient avec la psychologie des profondeurs. Les concepts de la psychologie qu'il a développés donnent corps à une astrologie dont l'approche inclut les dynamiques de l'inconscient.

Inconscient collectif

Mettant en évidence l'existence d'un inconscient individuel qui refoule ce qui n'est pas acceptable pour le conscient, Jung est allé bien plus loin que ses prédécesseurs – dont Freud –, en établissant qu'il existe aussi un inconscient collectif auquel l'inconscient individuel est relié. Cet inconscient collectif constitue la somme des expériences passées de l'humanité et des mythes qui leur sont attachés.

Synchronicités

Concept central de la psychologie jungienne, l'idée de synchronicité désigne des faits qui se produisent en même temps de façon acausale, c'est-à-dire sans qu'aucune cause apparente ne l'explique – une raison inconsciente les relie donc. Pour Jung, la psyché[1] a le pouvoir de cocréation avec l'Univers : tout ce qui se produit autour de nous est un effet-miroir de ce qui se passe en nous. C'est une lecture de la vie selon laquelle le hasard n'existe pas : des forces sous-jacentes précèdent les événements. Ainsi, depuis notre naissance, nous sommes en permanente synchronicité avec l'Univers et avec le mouvement des planètes. Avec la synchronicité, l'astrologie ne peut placer le ciel à l'extérieur de soi, dans la mesure où l'on considère qu'il existe des interactions, plutôt que des influences, des planètes.

Structure de la psyché

Selon Jung, la psyché est composée d'une partie consciente – soit une combinaison de la *persona* et du moi – et d'une partie inconsciente – soit une combinaison de l'ombre et du soi, avec des zones de contact. La *persona* est notre véhicule d'incarnation, la personnalité nécessaire à la construction de chacun et à laquelle on a tendance à s'identifier. Vecteur de notre fonction sociale, elle peut aussi créer une illusion d'identité. En astrologie, la *persona* peut être associée à l'Ascendant ; elle crée une ombre proportionnelle à son identification, que l'on a tendance à projeter sur les autres. La projection est le mécanisme de la vie psychique par lequel le sujet attribue à une personne du monde extérieur des caractéristiques qui lui sont propres. Plus l'identification à la *persona* est forte, plus les projections le sont – c'est l'exemple de la jeune danseuse magnifique qui, s'identifiant à sa propre image, nourrit dans son inconscient celle d'une vieille

1. Ensemble structurel et dynamique de notre activité psychique consciente et inconsciente.

femme laide pour laquelle elle n'éprouvera qu'aversion. Pour la psychologie jungienne, reconnaître ces deux parts d'elle-même lui permet d'avoir accès à un niveau de conscience qui lui permet d'être elle-même. C'est aussi le cas du médecin et du malade, de l'enseignant et du cancre, etc.

Archétypes

Les archétypes sont les organisateurs de la vie psychique de l'être humain. Ils constituent des données psychiques, des modèles de représentation de conduite collective, qui ont pour fonction de structurer, d'organiser et de programmer les actions, les réactions et les comportements humains. Ils sont, sur le plan mental et biologique, ce que sont les instincts sur le plan psychologique. Si les archétypes sont hérités de l'inconscient collectif, leurs représentations sont personnelles. Les archétypes sont à la fois images et émotions, dotés d'une énergie psychique, ils constituent les acteurs de la dynamique de transformation de la psyché. Les planètes peuvent être associées à des archétypes.

Processus d'individuation

C'est le chemin d'une vie, l'accès à la totalité de soi, de la personnalité consciente et inconsciente, qui consiste à accueillir toutes les parties de la psyché. L'individuation consiste à ne pas chercher la complémentarité psychique en dehors de soi. Tant que l'on est dans le « moi », on se situe au niveau de la dualité, où règne le conflit ; l'individuation consiste à contacter son unicité et à se départir des influences collectives, notamment archétypales.

Pour avoir accès au Soi, l'individu est invité à se réconcilier avec son ombre et à contacter la partie de son être qui a une fonction d'intégration et qui se situe au-delà de ses projections, positives ou négatives. Le Soi, c'est notre pouvoir de nous relier à cette guidance intérieure qui relève de notre partie divine. Lorsque l'on est dans le Soi, on se situe au niveau de l'unité de l'être, là où règne la paix. Le Soleil du ciel de naissance est un élément constitutif du Soi. Mal vécu, il est prisonnier du moi. Le ciel de naissance est un outil du processus d'individuation car il met en lumière les composantes conscientes et inconscientes de la psyché. En d'autres termes, le processus d'individuation, c'est-à-dire l'accès au Soi, c'est la mise en lumière de notre psyché entière, de nos parts d'ombre, de nos projections, de notre persona. C'est évidemment un chemin et pas un but… l'individu parfait, qui se serait parfaitement compris, n'existe pas !

L'*animus* et l'*anima*

Dans le même esprit, nous avons un sexe apparent, masculin ou féminin, et un autre, inconscient, qui est le contraire du sexe apparent. L'intégration du sexe inconscient fait partie du processus d'intégration qui consiste à accéder à la totalité de l'être. Les planètes de l'*anima* sont la Lune et Vénus auxquelles nous pouvons ajouter Neptune. Les planètes de l'*animus* sont le Soleil et Mars, auxquels nous pouvons ajouter Uranus, Saturne et Pluton.

Nous attirons à nous des personnes qui entrent en résonance avec nos modèles archétypaux inconscients. Par exemple : une femme qui a un Soleil en Bélier et un Mars en Capricorne sera spontanément attirée par des hommes autoritaires. Ce schéma a peu de chances de fonctionner dans la mesure où elle possède elle-même cette caractéristique. Si elle a une Lune en Cancer et une Vénus en Poissons, elle peut s'identifier à ce pôle féminin tout en douceur et en sensibilité sans avoir conscience de son fort potentiel de leadership et de son courage à toute épreuve.

Le numineux

Le numineux évoque un état de conscience qui permet d'accéder au divin présent en soi-même. C'est une expérience, une rencontre, une situation qui nous met en relation avec une présence divine et nous fait vivre une expérience révélatrice de l'être. C'est la rencontre du psychisme et du divin.

*

Pour vous faire découvrir l'astrologie, j'ai pris le parti de voyager avec vous à travers les planètes. Notre âme connaît par cœur le chemin mais le lien conscient a été coupé. Par notre incarnation tout d'abord, mais aussi par notre système de pensée trop manichéen, qui ne permet pas une approche holistique et sacrée de l'existence.

Je n'ai pas souhaité faire un énième manuel d'astrologie, mais plutôt transmettre ce qui a le plus de sens à mes yeux : utiliser l'astrologie comme un outil au service de notre conscience, de notre transformation et de notre évolution. Et ce sont les planètes qui constituent mon matériau de travail principal. C'est de leur compréhension profonde que dépend notre plus grande marge d'évolution et de libre arbitre. C'est parce que nous ne les comprenons pas que nous nous croyons parfois impuissants, voire maudits. Plutôt que de « compréhension », il serait plus juste de parler de ressenti profond, le ressenti de ce qu'évoque une planète, qui passe par l'expérience intime de celle-ci, psychique et physiologique, un mélange subtil d'archétype et d'énergie, de puissance intrinsèque de la planète ressentie intérieurement, à tous les niveaux de son être.

Ces planètes, nous les rencontrons sans cesse à travers les grands rendez-vous de notre vie, qui nous rappellent que tout ce que l'on vit parle de nous dans une dimension qui n'est pas perceptible par notre seule pensée cartésienne. Avec l'astrologie, nous entrons dans un autre espace-temps, où les planètes ont toutes un message personnel à nous délivrer pour nous aider à devenir nous-mêmes, à incarner notre Soi. Les planètes relèvent du numineux, une partie de nous reliée au divin qui ne peut s'expliquer autrement que par l'expérience personnelle de sa présence absolue. Comprendre les planètes de façon théorique est une chose mais c'est notre relation intime avec elles qui nous apporte le plus de sens et de joie. Ce sont elles qui jouent la partition de l'œuvre de l'Univers, mais le chef d'orchestre, c'est nous. Il ne s'agit pas de chercher à tout comprendre, surtout dans ce domaine, qui est un puits sans fond, d'autant que le souci de rationalité nous fait perdre de vue notre bonne étoile.

Si vous ne comprenez pas certaines notions, aucune importance, continuez votre voyage – et revenez-y parfois. Le plus important, ce n'est pas de comprendre avec la tête mais de sentir avec le cœur, comme le dit si bien le Petit Prince : « On ne voit bien qu'avec le cœur, l'essentiel est invisible pour les yeux. » Votre bonne étoile est celle qui fait vibrer votre âme au diapason de l'Univers pour danser avec lui et faire en sorte que votre vie vous ressemble le plus possible.

L'ère du Verseau : on doit tous se réinventer

« Notre seule liberté consiste
à découvrir et à dégager
la réalité spirituelle
qui est en nous. »

Sri Aurobindo

Nous changeons d'ère, ce qui explique les grands bouleversements sociétaux actuels, mais aussi politiques, économiques, environnementaux, et surtout énergétiques. Ce phénomène astronomique s'explique par la précession des équinoxes.

La précession des équinoxes, à l'origine du changement de paradigme

La précession des équinoxes est un phénomène remarqué dès l'Antiquité et expliqué astronomiquement au XVIIIe siècle par le déplacement du point vernal – c'est-à-dire du signe dans lequel se situe le Soleil au moment de l'équinoxe de printemps – dans les constellations zodiacales d'un degré tous les 72 ans. Un signe étant composé de 30 degrés, cela signifie que le point vernal change de signe tous les 2 160 ans. Or, actuellement, celui-ci se situe entre la constellation des Poissons et celle du Verseau. Si les astronomes eux-mêmes ne peuvent pas le situer sans une marge d'erreur de quelques centaines d'années, nous vivons bien un changement d'ère.

La compréhension de ce changement est fondamentale pour saisir ce qui se passe au niveau du macrocosme et qui a des répercussions sur tout ce que nous vivons actuellement selon la loi cosmique de la table d'Émeraude, un des grands textes de la littérature alchimique : « Tout ce qui est en haut est en bas. » Nous savons que ce changement d'ère sera effectif entre les années 2000 et les années 2500, avec un faisceau d'indices concordant autour de 2160. Pour ma part, je considère que l'ère des Poissons s'est ouverte avec la naissance de Jésus-Christ, soit avec l'arrivée d'une époque marquée par les religions et la dualité qui en découle, une vision manichéenne du monde où le bien et le mal s'affrontent.

Le monde du Verseau propose une vision holistique de l'existence où l'homme n'a plus besoin d'intermédiaires entre lui et Dieu, et en l'occurrence de dogmes : il a conscience que le divin est en lui et qu'il en est le représentant sur terre. Si ce thème très *new age* a beaucoup été caricaturé, notamment par les mouvements hippies, c'est aussi une réalité quantique que des personnalités prophétiques comme Sri Aurobindo ou Mirra Alfassa (également appelée « La Mère ») avaient appréhendée, de même que Dane Rudhyar, grand astrologue du XXe siècle, fondateur de l'astrologie dite de la transformation. Tous s'accordent pour affirmer que l'ère du Verseau est synonyme d'une évolution majeure pour l'humanité, qui passe par une transformation cellulaire : le changement se fait de l'intérieur, comme si notre ADN était programmé pour accéder à des niveaux de conscience jusqu'alors inaccessibles, à d'autres dimensions du réel, à d'autres univers qui coexistent en permanence.

Ce changement de paradigme est synonyme de progrès technologiques spectaculaires, d'une vitesse d'information qui s'accélère, d'une révolution dans la santé et dans le rapport au corps, et de systèmes communautaires offrant plus de partage et de fraternité. On pense bien entendu à Internet, au yoga et au développement personnel, qui sont des emblèmes de ce phénomène. Ce paradigme laisse aussi une place prépondérante au cerveau droit, lié à l'intuition, à la créativité, et à une perception holistique du monde où tout est relié. L'information n'est plus liée au mental de l'être mais à sa vibration et tous les systèmes entretenant la dualité et des rapports de force ne sont pas compatibles avec l'évolution proposée. C'est la fin du patriarcat et c'est le règne du féminin honoré.

Certaines personnes ont la certitude que nous sommes dans l'ère du Verseau depuis 2012. Mais si nous y étions, nous ne vivrions pas ce chaos généralisé qui est à mon avis la preuve que nous nous trouvons dans une période de transition entre l'ancien monde qui s'effondre et le nouveau qui est en train d'émerger.

La précession des équinoxes est à l'origine d'un schisme en astrologie puisque les planètes, dans leurs signes, ne correspondent pas à leur position dans les constellations de ces signes. Il y a donc deux principales branches en astrologie : l'astrologie sidérale, qui se fonde sur la position des planètes dans leurs constellations, et l'astrologie tropicale, qui se fonde, elle, sur le rythme des saisons.

Du point de vue de l'astrologie tropicale, les signes du zodiaque sont douze secteurs du cercle de l'écliptique de 30 degrés, chacun compté à partir du point de l'équinoxe de printemps, à 0 degré du Bélier. Le printemps correspond et correspondra toujours au moment de l'entrée du Soleil dans le signe du Bélier, l'été, à celui du Cancer, l'automne, à celui de la Balance, et l'hiver, à celui du Capricorne. Le deuxième signe de la saison correspond à ceux du Lion, du Scorpion et du Verseau, et le troisième signe de la saison, à ceux de la Vierge, du Sagittaire et des Poissons.

L'astrologie sidérale, contrairement à l'astrologie tropicale classique et fixe, travaille les signes du zodiaque par rapport à leur emplacement dans les constellations. Pour ma part, je travaille principalement avec l'astrologie tropicale. Elle me semble plus juste au niveau de l'analyse des signes, qui sont par essence liés aux saisons. Mais j'ai à l'esprit ce décalage qui peut expliquer des ajustements nécessaires et intègre ce phénomène de changement de paradigme cosmique appelé « ère du Verseau ».

Pluton, planète de transformation par excellence

Cet ancien monde qui s'effondre, c'est la symbolique de Pluton qui l'illustre le mieux. Dans le signe du Capricorne, depuis 2008, cette planète s'attaque de façon souterraine, radicale et irréversible à toutes les fondations empreintes de conservatisme excessif, à tous les systèmes mis en place qui rigidifient les modes d'organisation et qui n'ont plus lieu d'être, bloquant le processus d'évolution inhérent à la nature humaine. Elle s'attaque notamment aux croyances érigées en dogmes, aux lois présentées comme cadres suprêmes de référence, aux acquis, aux symboles de réussite sociale et de sécurité, et à tout ce qui constitue un socle que l'on jugeait immuable. Pluton, c'est la planète de la transformation par excellence, le noyau dur de l'être, l'essence de notre akène, notre raison d'être au-delà des apparences du monde physique et de la mort. Pluton ne s'intéresse qu'à l'essentiel, c'est le grand justicier du zodiaque qui connaît mieux que quiconque la loi du karma et qui est prêt à tout éradiquer, sans aucune pitié, pour faire triompher sa vérité. C'est la force motrice de l'inconscient collectif qui, en détruisant et semant la mort, réelle comme symbolique, fait aussi triompher la vie et met en lumière la force de régénération et de résilience dont est capable l'être humain.

Par un phénomène de synchronicité, chaque moment où fut découverte une planète coïncide un moment où l'humanité est prête à accueillir et à intégrer sa symbolique. Pour Uranus, c'était en 1781, soit quelques années après la création des États-Unis et avant la Révolution française, qui allait ouvrir l'homme à un nouveau monde, le libérant de la monarchie des privilèges et lui permettant d'aspirer aux valeurs uraniennes de liberté, d'égalité et de fraternité. Neptune, elle, fut découverte en 1846, ouvrant l'homme à un idéal de collectif, à travers le féminisme, le romantisme – et le communisme dans sa meilleure version. Pour Pluton, c'était en 1930, une période qui correspond aux découvertes sur l'inconscient et l'atome. Ce fut aussi la révélation, les années suivantes, de ce qu'il y a de pire en l'homme. Si Pluton illustre la noirceur, la part obscure de l'existence, elle est aussi un agent porteur de lumière à travers les expériences souvent dramatiques de l'homme. Au moment où la Seconde Guerre mondiale éclate, Pluton[1] entre dans le signe du Lion, éclipsant pour quelques années la force solaire de ce signe et exacerbant la lutte entre l'ombre et la lumière. Pluton, en ce qu'elle est focalisée de manière obsessionnelle sur l'ombre, crée des luttes de pouvoir particulièrement intenses dans le signe du Lion qui est celui de la lumière. Depuis cette période qui, avec le

1. Pluton reste dans un même signe entre 12 et 32 ans.

recul, aura permis à l'homme de se révéler en conscience à sa lumière, Pluton a quasiment traversé la moitié du zodiaque et a remis en question tout le système qui s'est construit. Nous avons en outre connu en 2019 l'opposition de Pluton à celui de sa découverte[1] qui semble dire qu'il est urgent de transformer le monde.

En 2023, l'arrivée de Pluton dans le signe du Verseau (où elle restera jusqu'en 2044) signera une étape clé d'un nouvel ordre mondial émergeant en relation avec la symbolique de l'ère du Verseau. La réussite de cette transition semble liée à la capacité de mourir à l'ancien monde du Capricorne et de braver toutes les résistances qui le caractérisent, liées à son conservatisme et à sa servilité au principe de réalité : le Verseau nous dit que tout est changement, que tout est énergie et information vibratoire. Le Verseau a une aversion pour le pouvoir et toutes ses formes hiérarchiques et oppressantes. Il a bien sûr une ombre, que Pluton ne manquera pas de révéler : toutes les formes de tyrannie que les nouveaux modèles communautaires peuvent véhiculer à travers le mythe du surhomme. S'il existait un mythe correspondant au Verseau, ce serait celui de Prométhée, qui a commis l'erreur fatale de voler le feu de la connaissance aux dieux pour sauver l'humanité, créant l'inverse du but recherché : la destruction et le chaos sur terre et le déchaînement de la colère de l'Olympe.

1. Pluton dans le ciel était alors située à 180 degrés de la position zodiacale de Pluton au moment de sa découverte.

Le Soi, point d'équilibre de toutes les énergies

Tout ce qui est sur terre obéit à la loi de la dualité, à savoir que rien n'existe sans son contraire. Mais en tant qu'être divin, l'homme n'a de cesse de trouver le point d'équilibre, le centre qui focalise les énergies contraires. Et ce point, c'est le Soi, qui peut être rapproché de la conscience du Soleil au centre du Système solaire, sans se confondre avec lui, cette instance intérieure d'où émane le rayonnement véritable, l'essence de l'âme qui se confond avec la conscience universelle. L'ère du Verseau nous rappelle aussi à cette centrifugeuse interne qui nous amène toujours au cœur de notre être et de l'ensemble dont nous sommes tous une partie. Le piège peut cependant nous guetter : ne plus raisonner que par le collectif sans s'être suffisamment individualisé au préalable et construit sur une structure personnelle assez solide. Toutes les planètes semblent tenter de répondre de concert à cette question : par la personne que tu es et que tu vibres, qu'as-tu à offrir au monde ? Le Verseau, pour être vécu dans sa meilleure version, renvoie au Lion, le signe qui lui fait face, et à la dimension de notre enfant intérieur[1], spontanément créatif et joyeux et qui se sait aimé. Il pose comme préalable à toute interaction avec le collectif l'amour de soi et la confiance dans ses dons et talents personnels. L'ère des Poissons, en relation avec

1. L'enfant intérieur est un concept majeur de la psychologie humaniste, fréquemment utilisé en thérapie. Chaque adulte continue de porter en lui l'enfant qu'il a été, avec ses blessures et son potentiel créatif. Reconnaître cette partie de lui et en prendre soin, être à son écoute permet de réconcilier le parent et l'enfant en soi.

le signe de la Vierge, a permis des grandes avancées de nos facultés intellectuelles et scientifiques mais a aussi mis en place une dévotion excessive aux religions et un attachement à la souffrance et aux mécanismes expiatoires dont il est temps de se déprogrammer.

Pluton et Uranus ont eu un aspect en carré (à 90 degrés dans le zodiaque) très fort entre 2012 et 2016, nous faisant prendre conscience de cet impératif sociétal. Pluton et Uranus sont les deux planètes qui, conjointes dans le ciel en 1968 (c'est-à-dire très proches l'une de l'autre dans le zodiaque), expliquent sur le plan astrologique la transformation sociétale radicale de cette période avec une revendication on ne peut plus uranienne : « Il est interdit d'interdire ! » Ces dernières années, elles étaient en configuration de carré. Pluton, l'agent de transformation, Uranus, l'agent de libération, ces deux planètes ayant en commun une dimension transpersonnelle[1] de l'existence qui nous fait agir parfois à nos dépens, parce que c'est plus fort que nous, parce qu'il y a urgence à se révéler et à se déployer, quitte à tout détruire sur son passage avec une violence inouïe. Pluton et Uranus ont aussi ce mode opératoire radical en commun, dont les événements terroristes de cette période font caisse de résonance.

Cela a été une étape décisive dans la transformation des mentalités en cours, qui recherchent plus que jamais du sens, prêtes à consentir aux deuils nécessaires, à renoncer à un certain statut et à un confort de vie, pourvu qu'une dimension plus profonde et authentique émerge de l'adversité et de la névrose généralisée. Cette

1. Le caractère transpersonnel relie l'être aux énergies du collectif, il invite à se transcender, à s'ouvrir à la conscience universelle destinée à faire évoluer l'humanité.

étape nous aura fait prendre conscience de la nécessité de nous repositionner comme acteurs de nos vies et de ne plus subir ce qui, au préalable, pouvait être perçu comme des contraintes insurmontables avec le fameux « J'aimerais bien mais je n'ai pas le choix ».

La surexposition à la violence sous toutes ses formes nous a fait prendre conscience collectivement de l'urgence de vivre et de privilégier l'énergie de l'amour, celle qui vient du cœur, plutôt que celle du pouvoir et de tous ses abus, qui vient du mental ou de notre bestialité.

Le couple *anima* et *animus* au cœur de la transformation

L'entrée d'Uranus dans le signe du Bélier en 2010-2011 et jusqu'en 2019, symbolique de la liberté dans l'individualité, a sans doute permis d'intensifier les processus d'« individuation » en cours. Ce terme jungien désigne l'intégration consciente de qui on est, par la connaissance de soi et de toutes ses polarités, qui comprennent notamment, pour la femme, son pôle masculin et, pour l'homme, son pôle féminin. Nous approfondirons ces notions ultérieurement, il est néanmoins important d'aborder ce concept de l'*animus* et de l'*anima* au sujet de l'ère du Verseau qui bouleverse notre identité, les questions de genre et nos relations.

Jung a mis en évidence le fait que l'homme et la femme ont dans leur inconscient des représentations de leur sexe opposé, liées à l'image de leurs parents, à leur petite enfance et à leurs archétypes planétaires. Ainsi, l'homme et la femme ont chacun un *animus* et un *anima*, plus ou moins forts et conscientisés. L'homme a un *animus* visible et un *anima* invisible, et inversement ; l'homme recherche inconsciemment des modèles de femmes qui correspondent à son *anima* tandis que la femme fera de même avec son *animus*. Le processus par lequel la femme se réapproprie son pôle masculin et celui par lequel l'homme intègre son pôle féminin fait partie intégrante du processus d'individuation.

Sur le plan astrologique, cela advient souvent lors de transits de Pluton et d'Uranus, et notamment au carré de Pluton, vers 38 ans, et à l'opposition d'Uranus, vers 43 ans. Mais leur intégration dans la psyché de l'inconscient collectif étant de plus en plus forte, il est sans doute permis de penser qu'au fur et à mesure de l'installation de l'ère du Verseau, nous sommes tous dans un processus d'individuation accéléré et renforcé, ce qui explique notamment l'*empowerment*, la dénonciation du patriarcat, la remise en question du couple dans sa vision judéo-chrétienne ainsi que les difficiles relations hommes-femmes.

De plus en plus d'hommes assument un *anima* plus développé que leur *animus* et sont mis au défi de se réconcilier avec ce dernier et de s'affirmer davantage ; *idem* pour les femmes *animus*, reconnaissables par leur personnalité d'amazones guerrières qui, pour se sentir entières, auraient peut-être intérêt à se réconcilier avec leur sensibilité. L'idée n'est pas de devenir celui ou celle que l'on n'est pas mais de reconnaître qui l'on est au plus profond de soi, en ayant conscience de cultiver dans notre inconscient l'inverse de ce que nous croyons être, la vie tentant de nous ramener tôt ou tard au juste milieu, ou accentuant les déséquilibres si tel n'est pas le cas.

L'autre explication astrologique de ces prises de conscience accélérées, c'est la présence d'Uranus dans le signe du Taureau depuis mai 2018. Si le ciel personnifié avait une planète, ce serait celle de ce génie créateur et esprit pur. Le signe du Taureau est relié à la terre, à ce qui est solide et intangible, au monde terrestre tel qu'il est perçu par les sensations, à commencer par la nature, mais aussi à sa production et à la consommation qui en est faite. Jusqu'en 2026, elle se réalise dans une sorte de révolution de l'esprit dans la matière et dans un éveil des consciences sans précédent au sujet de la relation de l'homme avec son environnement. C'est une configuration qui bouleverse de nombreux acquis, des habitudes de vie, des modes de consommation, et qui nous incite à changer radicalement notre rapport à l'argent, à la sécurité matérielle, à la qualité de vie. Loin d'opposer le spirituel et la matière, cette configuration nous invite à réconcilier les deux, comme une infiltration de l'esprit dans la matière dans tous les secteurs – politique, économique, sociétal, médical, sans oublier l'art, la mode, la psychologie et l'astrologie !

L'astrologie et la psychologie des profondeurs, qui associe les dynamiques de l'inconscient et les énergies invisibles à son approche, sont intrinsèquement liées depuis la seconde moitié du XXe siècle, et cette union nous permet de comprendre de façon accélérée que l'homme ne peut plus être dans le déni de ce qu'il est, pour offrir ce qu'il a de meilleur à l'humanité. Pour cela, il doit prendre conscience que son existence dépasse les enjeux traditionnels de sa réalisation personnelle, qu'une autre dimension de sa vie existe dans son subconscient, qui demande à être contactée pour pouvoir se transcender, se dépasser, œuvrer pour la conscience universelle et nous réconcilier avec notre propre humanité et, à travers elle, avec l'humanité entière, pour la transformer (Pluton), la faire évoluer (Uranus), et la diviniser (Neptune).

Appelées transaturniennes car situées au-delà de l'orbite de Saturne, ces planètes sont aussi celles du transpersonnel. Planètes de l'invisible, elles sont néanmoins déterminantes dans les courants de fond qui changent le monde et chacun d'entre nous, de façon plus ou moins consciente mais toujours inéluctable. Situées au-delà du connu pour notre personnalité égotique, elles véhiculent des climats de crise, extrêmement déstabilisants mais salutaires.

La vie, une transformation permanente

Pour comprendre l'astrologie aujourd'hui, il est indispensable d'avoir conscience que nos destinées individuelles sont corrélées à la destinée collective. Il ne fait pas sens de s'intéresser uniquement à son nombril. Les destinées individuelles doivent être éclairées par la lumière de la transformation de l'humanité à l'œuvre dont nous sommes tous des contributeurs. Il se passe quelque chose d'immensément intense et profond depuis plusieurs années : un changement de paradigme qui nous libère de nos conditionnements mentaux et culturels et qui est devenu central dans mon approche de l'astrologie, appelée communément la transformation.

Il s'agit d'une mutation du genre humain qui prend conscience de sa dimension divine et qui a des raisons d'être sidéré de tout le mal qu'il a causé à la planète et à son caractère sacré. La transformation, c'est bien plus que changer de vie, divorcer, déménager, se remarier et se reconvertir professionnellement. C'est un processus qui ne connaît pas de fin une fois qu'il est enclenché, car qui pourrait se dire dans la lumière pour toujours ? L'astrologie nous met ainsi en garde, à l'instar du mouvement continuel des planètes : la vie est un processus de transformation constant. Il y a des moments où il est normal d'être dans le noir, d'autres où il est normal d'être dans le rouge, et d'autres encore où il est normal de retrouver toutes les couleurs de l'arc-en-ciel.

La transformation telle que je l'entends est le processus conscient des changements qui s'imposent et qui sont nécessaires à l'évolution de la psyché ; un processus alchimique qui implique différentes phases que l'on ne décide pas et qui sont dépendantes des planètes qui nous rendent visite. La transformation implique aussi de pactiser avec les forces de l'inconscient dont, par définition, on ne veut pas, qui parlent de notre partie la plus inavouable et la plus réprimée. L'astrologie aide considérablement à avoir une vision complète de qui l'on est, sans tabou, sans jugement, sans limitation, avec autodérision et ouverture du cœur.

Contrairement aux idées reçues, les planètes ne décident de rien, elles sont dans le ciel comme dans notre psyché, et c'est notre capacité à dialoguer avec notre inconscient qui permet de les mettre en scène dans notre vie et de les manifester d'une façon plus ou moins consentie. « Tout ce qui ne vient pas à la conscience revient sous forme de destin », disait Jung. *A contrario*, il est possible de dire que tout ce qui vient à la conscience revient sous forme de destinée. Ce qui différencie le destin de la destinée, c'est la conscience d'être co-acteur des événements du monde extérieur. Lorsque des événements douloureux nous touchent, il est tout à fait normal de ne pas adhérer complètement à cette affirmation. Cela dit, elle véhicule l'idée que les événements ont un message inconscient à nous transmettre lorsqu'ils sont vécus sous la forme de la fatalité et que les prises de conscience évitent la manifestation radicale de messages de l'inconscient qui n'auraient pas été compris au préalable.

La question centrale n'est donc pas : « Qu'est-ce qui va se passer ? », mais plutôt : « Où est l'épicentre de ce qui est en train de se passer ? », « Où est concentré le désir de vie ? », « Quelle est la dynamique de ce qui est en train de se passer ? ». Ainsi, il est possible de raconter une histoire qui se déploie dans le temps et dans l'espace : la sienne. La transformation nous amène toujours dans les profondeurs pour y faire triompher la lumière et contacter sa totalité ; une totalité aussi complexe que le Système solaire, aussi impossible que paraît la réunion des contraires et le mariage intérieur du pire et du meilleur. Quels que soient notre vécu et nos difficultés, reconnaître la magie que l'on est capable de créer en éveillant et en reliant notre conscience supérieure qui n'est qu'amour et lumière, et qui demande à être davantage incarnée et partagée.

C'est un processus inhérent à l'ère du Verseau qui se met progressivement en place.

Ciel de naissance et notions fondamentales

> « Toute chose est reliée à une autre,
> dans un continuum espace-temps. »
>
> *Albert Einstein*

Notre ciel de naissance est enregistré dans notre psyché depuis notre naissance, comme si notre subconscient avait imprimé cette carte pour toujours, tel un GPS intérieur. L'astrologie part du principe que tout ce qui est en haut est en bas ; j'ajouterai que tout ce qui est à l'intérieur est à l'extérieur, et réciproquement. C'est la théorie de plus en plus admise et généralisée que le vivant est interconnecté. Même si le lien scientifique ne peut pas toujours être établi, c'est le propre de la science d'avoir à découvrir ce qu'elle ne connaît pas encore avec certitude. Les civilisations anciennes semblaient déjà l'avoir compris : leurs mystères sont l'évidence de la connexion cosmique qui existe entre l'homme et l'Univers depuis la nuit des temps mais que nous avons oubliée au nom d'une prétendue raison et de la perte tragique du sacré.

L'homme, un être cosmique par essence

La carte du ciel correspond exactement aux enjeux d'incarnation de l'âme et nous pouvons envisager qu'elle a choisi ce moment précis pour venir au monde – hypothèse à laquelle je souscris –, refusant ainsi toute fatalité à l'incarnation qui lui ôterait sa dimension divine. Bien sûr, il est possible de concevoir que tout est hasard, mais à partir du moment où l'on prend en compte l'existence de l'âme et d'une matrice de l'Univers au sein de laquelle tout est parfaitement coordonné, le hasard ne peut exister que dans un mode de raisonnement strictement cartésien.

La naissance correspond à un changement de matrice : avant, le fœtus ne connaissait, physiologiquement, que la matrice utérine ; à partir de sa naissance, il entre dans celle de l'Univers avec laquelle il va faire un toute sa vie, et dont il ne sera jamais séparé. Nul doute qu'il a déjà dans sa mémoire toute l'origine du monde, qu'il n'aura de cesse de retrouver : le mystère de la vie. Son existence sera une succession de synchronicités plus ou moins conscientes au rythme des planètes (les rencontres, les naissances, les changements, les révélations, etc.), la naissance étant la plus importante d'entre elles, point de départ à partir duquel le potentiel de vie peut se déployer.

Ainsi, l'homme qui vient au monde a une perception innée de la place qu'il vient y occuper. Sa référence est le Système solaire auquel il va s'identifier à travers la configuration des planètes dans le ciel et leur représentation sur le plan terrestre : c'est le zodiaque, et son système de maisons qui établit des secteurs d'expérience à l'intérieur de celui-ci, chaque planète occupant un signe et une maison.

Vues de la Terre et de la psyché humaine, toutes les planètes, et même le Soleil, tournent autour d'elle. L'astrologie décrypte le ciel du point de vue de l'homme : peu importe la réalité astronomique, ce qui nous intéresse c'est sa perception psychique. Dès sa naissance, l'homme perçoit qu'il est un être cosmique, un enfant de l'Univers, et toute sa vie, il sera en quête de la totalité d'où il vient.

Le ciel de naissance, le chemin d'une vie

Le ciel de naissance ne dit évidemment pas qui est une personne puisque des milliers d'autres partagent la même carte. Il est important d'avoir à l'esprit que nous sommes intrinsèquement reliés à notre ciel de naissance mais que celui-ci ne nous définit pas car il n'est pas personnel. Il est important de souligner que d'autres données interfèrent avec le ciel de naissance comme l'hérédité et les facteurs socio-culturels, et si le ciel de naissance constitue une structure qui nous accompagne toute notre vie, l'individu est libre d'évoluer, de se transformer et de choisir son niveau de coopération avec les énergies astrales qu'il rencontre.

Mais il contient des données que l'on ne peut pas changer et qui évoquent un potentiel et des problématiques dont on ne peut se départir. Il est à la fois immuable et actif puisque sa structure reste la même pour toute la vie et que les planètes ne cessent jamais de se déplacer, activant et actualisant en permanence le ciel de naissance en une structure dynamique. Ainsi, le ciel de naissance est une représentation du Système solaire à la naissance de l'être, le Soleil occupant une place centrale – comme dans le Système solaire. Au centre de cette carte du ciel, il n'y a rien de visible mais il y a tout : la conscience vue de la Terre qui souhaite retrouver son chemin. L'astrologie, c'est tenter de comprendre ce qui se passe autour et interpréter ce langage du ciel pour l'éclairer.

Nous sommes nombreux à avoir été éduqués dans la croyance que le ciel est à l'extérieur de nous, que Dieu est à l'extérieur de nous, et lorsque nous nous tournons vers l'astrologie, c'est souvent pour qu'elle nous apporte des réponses comme si les choses étaient déterminées de l'extérieur. Ce n'est pas complètement faux, il y a bien une programmation astrale puisque l'on ne décide pas des mouvements des planètes comme de notre constitution biologique. Mais s'il y a une idée fausse et largement répandue, c'est que les planètes nous influencent. Comment les planètes pourraient-elles influencer en quoi que ce soit notre être alors qu'elles existent en nous ? Le Système solaire fait partie de notre constitution psychique et biologique, et ce qui se passe dans le ciel agit par un phénomène de synchronicités par rapport à ce qui se passe en nous, comme en miroir. Il ne s'agit donc pas d'influences mais d'interactions, l'homme et le ciel étant reliés. L'homme ne peut pas être appréhendé comme étant extérieur au cosmos et subissant une quelconque fatalité, il est cocréateur du monde qu'il perçoit.

C'est donc de notre dynamique personnelle consciente, celle d'un être qui cherche à retrouver sa totalité, que s'intègrent à l'intérieur de soi la symbolique des planètes et le potentiel qu'elles contiennent. Cela ne signifie pas que c'est facile et que les épreuves sont épargnées, mais c'est un chemin sur lequel on devient de plus en plus conscient de notre complexité et des enjeux de notre évolution, et qui demande un engagement fort. Il est donc absurde de parler de bons ou de mauvais thèmes, de bons ou de mauvais transits, et même de bons ou de mauvais karmas. Tout est là pour une bonne raison et pour nous faire retrouver le sentiment d'unité avec l'Univers. Ces moments sont rares mais ils existent.

Les planètes sont neutres, elles ont une énergie psychique propre mais ne sont pas bénéfiques ou maléfiques. C'est notre mental qui a tendance à les rendre ainsi. Ce qui est sûr, c'est que nous ne pouvons en faire l'économie, elles demandent à être prises en compte, comprises et incarnées. Dans le cas contraire, elles sont vécues comme des représentations d'archétypes qui exercent potentiellement une emprise vécue négativement, notamment à travers les projections que l'on en fait. Nous sommes bien évidemment bien plus que cela : le piège de se définir à travers son signe ou ses planètes, tellement réducteur et caricatural de l'astrologie, ne laisse pas beaucoup de place à l'âme…

L'âme transcende tout, et de ce point de vue, elle est le zodiaque tout entier pour revenir à cette vérité. C'est le chemin d'une vie, c'est sûrement le cadeau de la mort. En cela, le ciel de naissance peut être vu non seulement comme une boussole balisant le chemin de notre incarnation mais aussi comme un karma à résoudre : il constitue une matrice que l'on peut parvenir à dépasser, avec le temps, l'expérience et les outils qui nous ont été donnés pour ce faire.

Carte du ciel, mode d'emploi

Pour prendre connaissance de la carte de votre ciel, vous pouvez vous rendre sur des sites Internet[1] dédiés à l'astrologie qui l'établissent gratuitement, en quelques clics, après avoir renseigné vos coordonnées de naissance, c'est-à-dire la date, l'heure et le lieu. Autrefois, cela se faisait manuellement, en plusieurs heures, grâce aux éphémérides, qui sont les positions, jour après jour, des planètes dans les signes, et aux tables des maisons.

Cette partie est ardue et très technique. Prenez le temps de vous l'approprier et revenez-y autant de fois que nécessaire. Je vous conseille de vous munir d'un cahier dédié pour relever toutes les données de votre ciel de naissance et prendre des notes au fur et à mesure de cet ouvrage. J'insiste sur le fait que ces données constituent les éléments de votre boussole mais qu'elles ne doivent pas vous décourager par leur complexité ni vous détourner de la magie du voyage céleste que je vous propose. Elles s'éclairciront au fur et à mesure des découvertes que vous y ferez.

Bienvenue dans le zodiaque et ses symboles

La carte du ciel[2] correspond à une représentation du zodiaque dans laquelle les planètes forment des glyphes (dessins symboliques) qui occupent chacun un signe et

1. www.astrotheme.fr ou www.astro.com, par exemple.
2. À partir duquel est effectué le thème astral, l'analyse astrologique.

une maison. Du point de vue de la Terre, la trajectoire du Soleil trace un grand cercle qui l'entoure, appelé écliptique[1]. Astronomiquement, il s'agit du plan de l'orbite terrestre autour du Soleil.

Le zodiaque, avec ses douze signes, est une bande plus large, autour de l'écliptique, qui en occupe le milieu, sur laquelle les planètes effectuent leurs mouvements apparents autour de la Terre. Il est représenté dans le ciel de naissance par un cercle contenant les douze signes du zodiaque ; les douze maisons sont représentées par les chiffres romains, à l'extérieur du zodiaque. Les douze signes, de 30 degrés chacun (les tirets représentent 5 degrés), sont tous de la même taille ; les maisons, elles, sont de grandeurs différentes et séparées par des petits triangles à l'extérieur du cercle appelés cuspides. Les planètes, représentées par des glyphes, sont chacune placée dans un signe et dans une maison.

Pour faciliter la lecture de cet ouvrage, je vous conseille de repérer les éléments suivants de votre ciel de naissance avec les degrés correspondant (qui correspondent à ceux de la carte du ciel illustrée donnée comme exemple dans l'encart en couleur de cet ouvrage) :

- le signe et la maison de votre Soleil : 13°20 Balance, maison IV
- le signe et la maison de votre Lune : 19°55 Gémeaux, maison XI
- la position de votre Ascendant : 04°15 Lion
- la position de votre Descendant : 04°15 Verseau
- la position de votre Fond du Ciel : 13°40 Balance
- la position de votre Milieu du Ciel : 13°40 Bélier

1. Un schéma de représentation de l'écliptique est présent dans l'encart en couleur de cet ouvrage.

- le signe et la maison de Mercure, de Vénus, de Mars, de Jupiter, de Saturne, d'Uranus, de Neptune et de Pluton :
  — Mercure : 08°10 Scorpion maison IV,
  — Vénus : 05°28 Balance maison III,
  — Mars : 15°48 Balance maison IV,
  — Jupiter : 9°14 Poissons maison VIII,
  — Saturne : 18°21 Cancer maison XII,
  — Uranus : 27°12 Balance maison IV,
  — Neptune : 07°29 Sagittaire maison V,
  — Pluton : 6°57 Balance maison III.
- si un R est placé à côté du chiffre qui indique la position en degrés de la planète, cela indique que la planète est en position rétrograde : Jupiter R : Jupiter rétrograde
- le signe et la maison de Chiron : 22°37 Bélier maison X
- le signe et la maison de votre nœud nord et de votre nœud sud qui se trouve en face : nœud nord 11°53 Sagittaire maison V ; nœud sud 11°53 Gémeaux maison XI
- le signe et la maison de votre Lune noire moyenne (c'est parfois la Lune noire vraie qui est indiquée, il convient alors de cocher l'option « Afficher la Lilith moyenne ») : 16°30 Verseau maison VII
- le degré de chaque début et fin de maison qui marque le début de la suivante (utile pour les transits).
  — Maison I : du 4° Lion au 22° Lion
  — Maison II : du 22° Lion au 14° Vierge
  — Maison III : du 14° Vierge au 13° Balance
  — Maison IV : du 13° Balance au 23° Scorpion
  — Maison V : du 23° Scorpion au 03° Capricorne
  — Maison VI : du 3° Capricorne au 4° Verseau

— Maison VII : du 4° Verseau au 22° Verseau
— Maison VIII : du 22° Verseau au 14° Poissons
— Maison IX : du 14° Poissons au 13° Bélier
— Maison X : du 13° Bélier au 23° Taureau
— Maison XI : du 23° Taureau au 03° Cancer
— Maison XII : du 03° Cancer au 04° Lion

Le système des douze maisons

Le système des maisons est établi à partir de l'heure de naissance, sans laquelle il n'est pas possible de réaliser la « domification » du thème qui est la représentation des maisons. Plusieurs méthodes de domification existent. Pour ma part, j'utilise celle de Placidus, la plus utilisée par les sites Internet d'astrologie.

Les maisons sont des secteurs d'expérience[1], la façon dont les planètes vont se déployer dans notre vie terrestre. Ce n'est pas parce qu'une maison est vide qu'elle n'est pas importante, mais si une maison est habitée par une planète, alors elle sera le terrain de jeux privilégié de celle-ci. N'oublions pas que si les planètes de notre ciel de naissance restent dans leur signe et dans leur maison toute la vie, les planètes continuent leur mouvement tout autour du zodiaque et réactualisent notre ciel en permanence avec de nouvelles données.

La représentation de notre place dans le Système solaire se fait par une croix d'incarnation établie à partir de la ligne d'horizon constituée par l'Ascendant et le Descendant, et le méridien constitué par le Fond du Ciel et le Milieu du Ciel, qui n'est pas forcément perpendiculaire et, la plupart du temps, inclinée.

1. Voir le détail de la signification des maisons en annexe.

La flèche à gauche représente l'Ascendant, le point où le Soleil se lève au moment de la naissance, qui est le début de la maison I ; en face se situe le Descendant, qui est le début de la maison VII. Le trait qui dépasse en bas, terminé par un cercle, est le Fond du Ciel, qui est le début de la maison IV ; en face se trouve le Milieu du Ciel, qui est le début de la maison X.

Le Descendant est le point où le Soleil se couche au moment de la naissance, le début de la maison VII, exactement à l'opposé de l'Ascendant.

Le Fond du Ciel est le point où le Soleil est au nadir, le point le plus profond dans la nuit, le début de la maison IV.

Le Milieu du Ciel est le point où le Soleil est au zénith, le point le plus haut dans le jour, le début de la maison X.

Ces quatre points, l'Ascendant, le Fond du Ciel, le Descendant et le Milieu du Ciel, sont appelés les angles du thème et sont des points névralgiques.

La position de l'Ascendant évoque la perception de notre personnalité et la façon dont nous nous présentons au monde.

La position du Descendant évoque la perception de l'autre et la façon dont nous nous sommes ouverts à la relation et à l'altérité.

La position du Fond du Ciel évoque les fondements de l'être qui constituent notre véritable identité.

La position du Milieu du Ciel évoque la réalisation de l'être à travers sa relation au monde extérieur.

Tout ce qui se situe en dessous de la ligne d'horizon, de la maison I à la maison VII, se trouve dans la nuit et tout ce qui se situe au-dessus, de la maison VII à la maison XII, se situe dans le jour. La nuit est synonyme de besoin d'intériorisation et de profondeur de l'être, et le jour, de besoin d'extériorisation et d'interaction avec le monde. Les maisons fonctionnent en axe, deux maisons d'un même axe étant de la même grandeur et constituant la polarité opposée de l'autre.

Maison I Je suis
Maison VII Nous sommes
Maison II Je m'incarne
Maison VIII Nous partageons
Maison III J'interagis avec mon environnement
Maison IX Mon idéal du monde
Maison IV Mes fondations
Maison X Ma contribution au monde
Maison V Mon enfant intérieur
Maison XI Mon idéal du collectif
Maison VI Comment je me rends utile
Maison XII Ma connexion à l'inconscient collectif

Maison I – VII = > L'axe de la relation
Maison II – VIII = > L'axe du pouvoir
Maison III – IX = > L'axe de la connaissance
Maison IV – X = > L'axe de la réalisation
Maison V – XI = > L'axe des sentiments
Maison VI – Maison XII = > L'axe du service

Chaque planète se situe dans une maison qui est son lieu d'expression. Une maison est traditionnellement dite « valorisée », c'est-à-dire, un secteur d'expérience particulièrement mis en lumière si le Soleil, la Lune, le maître d'Ascendant ou un amas de planètes (plus de trois planètes) s'y trouvent, ou encore le nœud nord.

Si aucune planète ne se trouve dans une maison, cela ne signifie pas qu'il ne s'y passe rien, mais qu'elle est moins sollicitée psychiquement et énergétiquement, sauf lors des transits astrologiques qui les visitent.

L'Ascendant, le lever du Soleil

Il représente le point du zodiaque où le Soleil se lève au moment de la naissance et constitue toujours le début de la maison I.

Sa position en signe donne des indications sur les conditions de la venue au monde et la façon dont on l'a perçu. Les planètes qui sont à proximité sont de facto très intégrées dans la psyché.

Nous avons tendance à nous percevoir comme ce signe et à se présenter comme tel. Il est en relation avec la persona de Jung, la personnalité apparente, l'apparence physique, le masque social, l'activité professionnelle et est un allié à travers ses qualités pour incarner l'essence du Soleil dans sa position en signe. Il est notre véhicule d'incarnation dont l'âme a besoin pour se réaliser sans se confondre avec lui, étant davantage un moyen qu'une finalité, au même titre que notre ego-personnalité.

Lorsque nous nous limitons à la persona, l'Ascendant peut être limitant et nous empêcher l'accès à notre identité véritable.

Le maître d'Ascendant, la planète qui correspond au signe de l'Ascendant selon le système d'analogie, représente l'« ambassadeur » de l'Ascendant. Le signe et la maison qu'il occupe prennent une place de premier choix dans la psyché et sont perçus comme le moyen de réaliser le potentiel de l'Ascendant.

Nous sommes spontanément attirés par le signe qui se trouve au Descendant, représentant la partie la plus inconnue de nous-mêmes, et donc notre prise de contact avec l'altérité. Le Descendant constitue toujours le début de la maison VII et les planètes qui s'y trouvent ont tendance à être projetées, c'est-à-dire vécues à travers l'autre.

L'idéal est d'avoir conscience que l'Ascendant et le Descendant constituent l'équilibre de notre incarnation dans sa relation à soi et à l'autre.

Les planètes, des fonctions psychiques

Le Soleil, la Lune et les planètes correspondent à des fonctions psychiques constitutives de tout être humain. Ils occupent chacun un signe du zodiaque, canal d'expression de cette fonction, qui la colorent de ses composantes et caractéristiques, et une maison qui est un secteur d'expérience.

Voici en quelques mots les fonctions des planètes auxquelles on assimile les luminaires, le Soleil et la Lune, par souci de simplification :

- Soleil – Fonction de rayonnement – Je suis ; je rayonne ; je me réalise
- Lune – Fonction de connexion aux besoins organiques – Je ressens ; je prends soin de moi et des autres ; je crée
- Mercure – Fonction de connexion du mental et du système nerveux – Je pense, je communique ; je bouge
- Mars – Fonction d'action et d'affirmation – J'agis ; je m'affirme, j'honore mon masculin
- Vénus – Fonction de connexion aux sensations et à l'amour – J'aime ; je me gratifie ; j'honore mon féminin
- Jupiter – Fonction d'expansion – J'ai la foi, je suis en joie, je me dilate

- Saturne – Fonction de verticalisation – Je me structure ; je prends mes responsabilités, j'incarne mon autorité
- Uranus – Fonction d'éveil – Je m'éveille ; j'ose, j'invente
- Neptune – Fonction de perception du Grand Tout – Je me dissous ; j'aime inconditionnellement, je retrouve le paradis perdu
- Pluton – Fonction de transformation alchimique – Je me révèle, je meurs pour renaître, je me transforme

Nous emploierons le féminin pour évoquer les planètes. Si j'ai longtemps utilisé le masculin dans ma pratique, surtout pour des planètes puissantes et peu enclines à la négociation – je pense notamment à Mars, Saturne, Uranus et Pluton –, le féminin a plus de sens aujourd'hui car ce sont bien des planètes qu'on parle, mais aussi parce qu'en termes de compréhension et d'intégration, il est naturellement plus aisé d'accueillir une information qui vient du féminin. Le message de la planète sera inconsciemment davantage perçu comme un conseil plutôt que comme une injonction, son intégration, bienfaisante plutôt qu'intrusive, la structure qu'elle représente, matricielle plutôt que rigide.

Sur un plan psychologique, les planètes sont considérées comme des archétypes, des symboles de notre psychisme qui sont communs à l'inconscient collectif. La façon dont on se les approprie personnellement dépend de leur position dans le ciel de naissance. Sur un plan spirituel, les planètes peuvent être considérées comme des divinités qui demandent à s'incarner dans la tonalité du signe dans lequel elles se trouvent.

Le maître d'Ascendant

La planète appelée « maître d'Ascendant » est particulièrement valorisée, elle représente, comme nous l'avons déjà évoqué, l'ambassadeur de l'Ascendant. Pour l'identifier, il convient de distinguer la planète en analogie avec le signe de l'Ascendant. Autre subtilité, si une planète se trouve en conjonction (à moins de 10 degrés) du Maître d'Ascendant, ce dernier s'identifie à elle et lui confère son pouvoir. Il est alors judicieux de reprendre possession de son maître d'Ascendant.

Si vous êtes Ascendant Bélier, le maître d'Ascendant est Mars.
Si vous êtes Taureau, le maître d'Ascendant est Vénus.
Si vous êtes Gémeaux, le maître d'Ascendant est Mercure.
Si vous êtes Cancer, le maître d'Ascendant est la Lune.
Si vous êtes Lion, le maître d'Ascendant est le Soleil.
Si vous êtes Vierge, le maître d'Ascendant est Mercure.
Si vous êtes Balance, le maître d'Ascendant est Vénus.
Si vous êtes Scorpion, les maîtres d'Ascendant sont Mars et Pluton.
Si vous êtes Sagittaire, le maître d'Ascendant est Jupiter.
Si vous êtes Capricorne, le maître d'Ascendant est Saturne.
Si vous êtes Verseau, les maîtres d'Ascendant sont Saturne et Uranus.
Si vous êtes Poissons, les maîtres d'Ascendant sont Jupiter et Neptune.[1]

1. Pour les signes ayant deux maîtres d'Ascendant, et par souci de simplification, Pluton est à privilégier pour le Scorpion, Uranus pour le Verseau et Neptune pour les Poissons.

Valorisation des planètes

Les planètes n'ont pas non plus la même force selon le signe qu'elles occupent. Elles sont très à l'aise dans les signes dits de leur domicile et de leur exaltation, ces derniers favorisant leur expression ; elles sont en difficulté lorsqu'elles se situent dans les signes dits de leur exil et de leur chute, ces derniers pouvant les inhiber. L'information du signe vient entraver le plein potentiel de la planète qui ne peut se vivre qu'à travers lui.

VALORISATION DES PLANÈTES DANS LES SIGNES

Planète	Domicile	Exil	Exaltation	Chute
Soleil	Lion	Verseau	Bélier	Balance
Lune	Cancer	Capricorne	Taureau	Scorpion
Mercure	Gémeaux/ Vierge	Sagittaire/ Poissons	Vierge	Poissons
Vénus	Taureau/ Balance	Scorpion/ Bélier	Poissons	Vierge
Mars	Bélier/ Scorpion	Balance/ Taureau	Capricorne	Cancer
Jupiter	Sagittaire/ Poissons	Gémeaux/ Vierge	Cancer	Capricorne
Saturne	Capricorne/ Verseau	Cancer/ Lion	Balance	Bélier
Uranus	Verseau	Lion	Scorpion	Taureau
Neptune	Poissons	Vierge	Lion	Verseau
Pluton	Scorpion	Taureau	Bélier	Balance

Par ailleurs, une planète est dite valorisée lorsqu'elle se situe à proximité d'un luminaire (jusqu'à 12 degrés), à côté d'un angle (10 ou 15 degrés par rapport à l'Ascendant pour les planètes se situant en maison XII et par rapport au Milieu du Ciel pour les planètes se situant en maison IX[1]), en maison I, conjointe aux nœuds lunaires ou au maître d'Ascendant ou encore lorsqu'elle est maître d'un amas (la planète la plus lente d'un groupe constitué d'au moins trois planètes appelé stellium).

Une planète angulaire marque de sa symbolique l'ensemble du thème, la planète est très présente dans la psyché et en fait une force motrice.

Les nœuds lunaires auquel un chapitre est consacré correspondent aux positions du ciel de naissance qui sont les points d'intersection de l'écliptique solaire et lunaire. Ils sont d'une grande importance dite karmique, correspondant à des vortex psychiques et énergétiques. Les planètes correspondant aux signes où se trouvent les nœuds lunaires sont dits « agents karmiques » et ont par conséquent une dimension spirituelle prononcée, clé dans notre processus d'évolution et de transformation.

S'agissant de Chiron auquel un chapitre est aussi consacré, il a une nature hybride qui le rend inclassable par rapport aux planètes. Considéré comme « le grand guérisseur blessé » du zodiaque, il est incontournable comme élément de notre processus d'évolution, la guérison en son cœur. Son emplacement a laissé une blessure d'incar-

1. C'est Michel Gauquelin qui a mis en évidence l'importance des planètes à 15° du Milieu du Ciel dans la maison IX et de l'Ascendant dans la maison X. Psychologue, il a mené au début des années 1950 des études statistiques très approfondies, au départ pour démontrer que l'astrologie ne reposait sur aucune vérité scientifique. A l'issue de ses travaux, il a été convaincu par le contraire, mettant en évidence que les planètes se situant dans ces positions étaient souvent déterminantes dans la vocation d'un individu.

nation saillante mais dont la conscientisation permet un chemin initiatique personnel et la légitimité d'initier les autres là où il se trouve, en signe et en maison, par ce parcours intime de la condition humaine.

Les aspects, la communication entre les planètes

Les aspects sont les relations que les planètes entretiennent entre elles. Selon les configurations géométriques qui les relient, on distingue les aspects harmoniques et les aspects dissonants. Les aspects sont difficiles à comprendre pour les néophytes mais il est important de savoir qu'ils existent car deux planètes communiqueront entre elles de façon fluide si l'aspect est harmonique, de façon plus tendue si l'aspect est dissonant.

L'usage veut que les traits du thème qui apparaissent en bleu sur les cartes du ciel des logiciels ou des sites Internet dédiés sont les aspects harmoniques : ce sont les trigones, qui relient deux planètes séparées de 120 degrés (à 6 degrés près) et les sextiles qui relient deux planètes séparées de 60 degrés (à 4 degrés près). Ils offrent des dons et des talents grâce à la combinaison des planètes, à portée plus pragmatique pour les sextiles.

Les traits colorés habituellement en rouge sont les aspects dissonants : ce sont les oppositions qui relient deux planètes séparées de 180 degrés (à 10 degrés près). Elles rendent difficile l'intégration des deux et prédisposent à un conflit intérieur et à la projection de l'une des deux sur le monde extérieur. Mais sachez qu'avec une opposition, le dialogue est possible, et les opposés peuvent être réconciliés. Ce sont les carrés qui relient deux planètes séparées de 90 degrés (à 8 degrés près) qui rendent quasiment impossible la conciliation des deux mais dynamisent la tentative de résolution de la problématique générée par la tension qu'elles créent. Les aspects qui les visitent en transit peuvent en partie libérer la problématique du carré, en tout état de cause la rendre plus consciente et moins inconfortable.

Les conjonctions n'apparaissent pas aussi clairement car elles relient deux planètes ou plus qui sont à côté l'une de l'autre à moins de 10 degrés, l'orbe pouvant aller jusqu'à 12 voire 15° si le Soleil ou la Lune sont concernés. La nature harmonique ou dissonante va dépendre de la présence de planètes difficiles d'intégration comme Saturne, Mars, Uranus, Pluton. En ce cas, la conjonction sera dite dissonante. Si la conjonction a lieu avec d'autres planètes, elle sera dite harmonique. Le principe d'une conjonction est que les énergies des deux planètes fusionnent ensemble, alliant leurs caractéristiques et créant une concentration d'énergie à cet endroit. Souvent, une planète l'emporte sur l'autre, en fonction de sa force dans le signe où il se trouve[1]. L'exemple le plus parlant d'une conjonction est celle du Soleil et de la Lune au moment de la Nouvelle Lune lors de laquelle ils se trouvent au même degré du zodiaque. Lorsqu'ils se trouvent en opposition, c'est le moment de la Pleine Lune.

Il est absolument fondamental de ne pas raisonner en termes de positif et de négatif. Les thèmes chargés d'aspects dissonants peuvent effrayer mais ce sont eux qui promettent le plus grand potentiel de transformation et qui nous donnent sans doute le plus de ressources pour transcender nos tensions intérieures.

Les aspects que forment les planètes entre elles dans le ciel de naissance et ceux que les planètes du

1. Voir le tableau de valorisation des planètes dans leurs signes plus haut.

ciel forment en transit avec celles de naissance sont très complexes et il faut être astrologue pour pouvoir déchiffrer ces différentes configurations planétaires. Mais il est important de connaître leur existence car la symbolique des planètes change en fonction de celles qui forment un aspect avec elles. Par exemple, deux Soleils dans le même signe se vivent totalement différemment selon que l'un est en trigone à Jupiter. Le Soleil recevra son soutien positif et un charisme naturel, et l'autre en carré à Saturne, le Soleil aura alors beaucoup plus de difficultés à rayonner naturellement car il lui faudra passer par le travail exigeant de Saturne.

Les aspects sont utiles à l'interprétation d'un ciel de naissance comme pour l'interprétation d'un transit (un mouvement de planète dans le ciel). Encore une fois, il n'y a pas de jugement à porter et il n'y a pas de « bons » ou de « mauvais » aspects.

Aspects harmoniques
Trigone – 120 degrés – symbole : triangle
Sextile – 60 degrés – symbole : étoile

Aspects dissonants[1]
Carré – 90 degrés – symbole : carré
Opposition – 180 degrés – symbole : deux ronds reliés par un tiret

Aspects harmoniques ou dissonants (à analyser selon les planètes concernées)
Conjonctions – 10 degrés – symbole : un cercle avec un tiret à droite allant vers le haut

1. Il existe des aspects dits mineurs qui ne seront pas abordés dans cet ouvrage.

Je vous conseille de repérer maintenant les aspects de votre ciel de naissance[1], y compris avec le Milieu du Ciel et le Fond du Ciel et les nœuds lunaires.
En reprenant l'exemple du ciel de naissance illustré :
Conjonctions : (orbe de 10 degrés entre deux planètes pouvant aller jusqu'à 12° voir 15° si le Soleil et la Lune sont impliqués)
Stellium (ensemble de conjonctions) : Vénus, Pluton, Soleil, Mars, Uranus en Balance
Lune conjoint nœud sud
Neptune conjoint nœud nord
Chiron conjoint Milieu du Ciel

Oppositions : (orbe de 10 degrés entre deux planètes)
Chiron soleil
Chiron Mars
Chiron Uranus

Carrés : (orbe de 8 degrés entre deux planètes)
Soleil Saturne
Soleil Mars
Saturne Chiron
Jupiter Neptune
Nœud sud carré Jupiter
Nœud nord carré Jupiter

Trigones : (orbe de 6 degrés entre deux planètes)
Lune Soleil
Lune Mars
Lune Uranus

1. La plupart des sites d'astrologie qui établissent la carte du ciel proposent un récapitulatif des aspects.

Le ciel de naissance de Carl Gustav Jung,
né le 26 juillet 1875,
19 h 24 (18 h 54 T.U.) à Kesswil

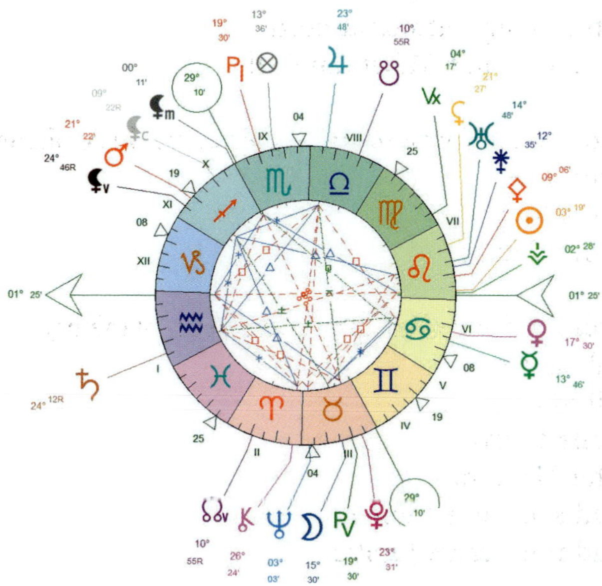

Le ciel de naissance de Sophie Keller,
née le 7 octobre 1974,
00 h 45 (23 h 45 T.U.) en Seine-Maritime

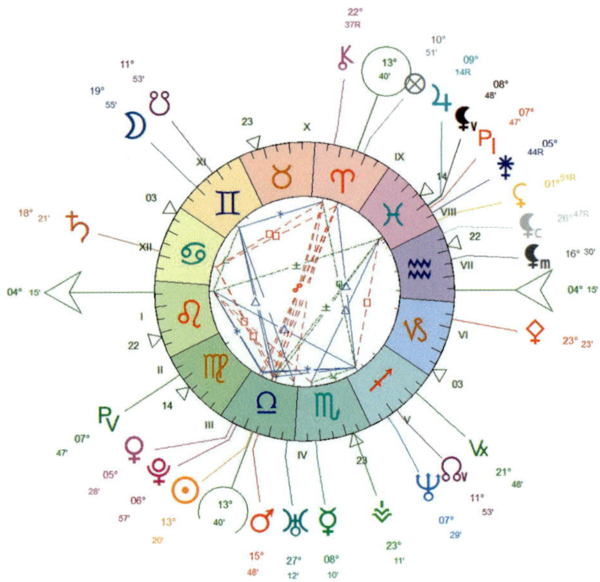

L'ÉCLIPTIQUE, LES ÉQUINOXES ET LES SOLSTICES

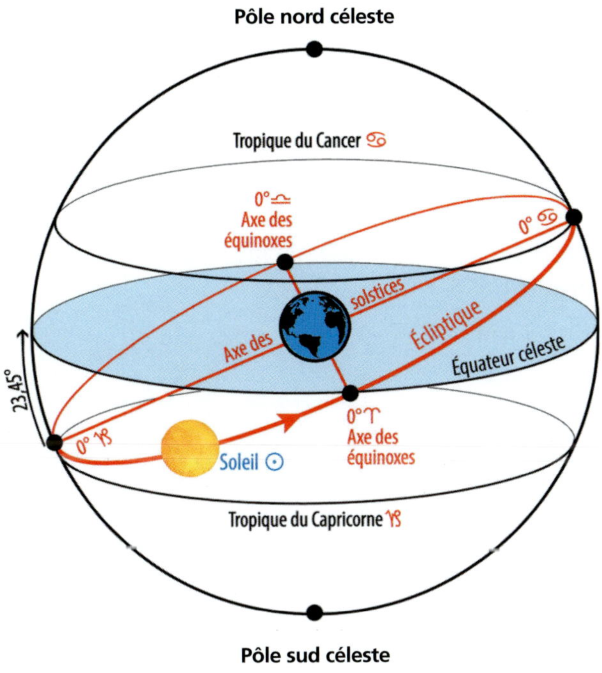

COMPRENDRE LES NŒUDS LUNAIRES

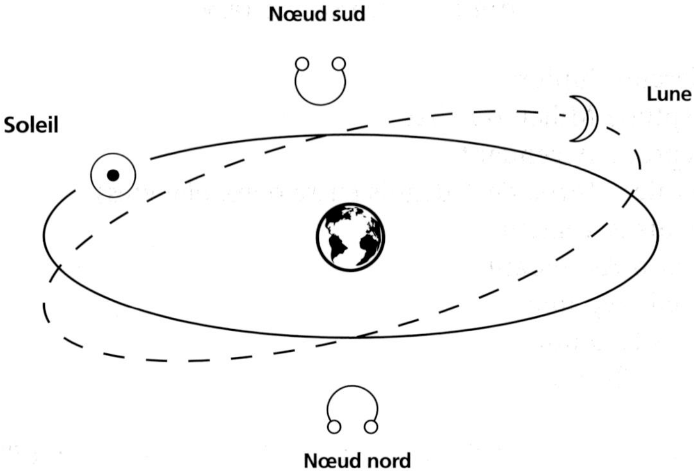

LES SYMBOLES À CONNAÎTRE

PLANÈTES ET LUMINAIRES

☉	**Soleil**
☽	**Lune**
☿	**Mercure**
♀	**Vénus**
♂	**Mars**
♃	**Jupiter**
♄	**Saturne**
♅	**Uranus**
♆	**Neptune**
♇	**Pluton**

AUTRES

⚷	**Chiron**
⚸	**Lune noire**
☊	**Nœud nord**
☋	**Nœud sud**

SIGNES

♈	**Bélier**
♉	**Taureau**
♊	**Gémeaux**
♋	**Cancer**
♌	**Lion**
♍	**Vierge**
♎	**Balance**
♏	**Scorpion**
♐	**Sagittaire**
♑	**Capricorne**
♒	**Verseau**
♓	**Poissons**

Mercure Jupiter
Neptune Milieu du Ciel
Neptune Ascendant
Sextiles : (orbe de 4 degrés entre deux planètes)
Vénus Ascendant
Pluton Ascendant
Soleil Neptune
Mars Neptune
Lune Chiron

Planètes dites angulaires (à moins de 10° d'un angle, 15° si la planète est dans la maison IX à droite du Milieu du Ciel ou dans la maison XII au-dessus de l'Ascendant)
Soleil
Mars
Pluton
Vénus
Chiron
Saturne

Règles importantes concernant les aspects :

- Nous ne prenons pas en compte le Fond du Ciel et le Descendant dans les aspects
- La planète la plus lente de l'aspect dissonant dicte sa loi[1]
- Ne pas interpréter en termes de positif / négatif
- Plus une planète revient dans les aspects, plus elle est majeure pour le potentiel de la personne
- Les aspects au Soleil, à la Lune et aux nœuds lunaires sont les plus importants

1. Voir tableau de l'évolution des planètes dans le zodiaque ci-après.

Les transits, les mouvements des planètes

Si le ciel de naissance constitue une donnée structurelle dont la psyché est imprégnée, les planètes continuent de se mouvoir dans le ciel selon des cycles connus à l'avance, rendant notre ciel intérieur dynamique.

Les mouvements des planètes dans le ciel, appelés transits, sont répertoriés dans des éphémérides, disponibles à l'achat en version papier ou numérique[1]. La plupart des sites d'astrologie présentent la position des planètes du jour[2]. Elles se déplacent dans le zodiaque toujours dans le sens inverse des aiguilles d'une montre avec une vitesse très variable d'une planète à l'autre.

En superposant le ciel d'un moment donné avec le ciel de naissance, les planètes du ciel forment des aspects avec des planètes du ciel de naissance. Le ciel de naissance fonctionne comme un récepteur du ciel superposé qui est alors émetteur d'informations. La présence d'une planète en aspect d'une autre va canaliser cette information, la planète du ciel de naissance s'imprégnant de la puissance de la planète visiteuse. Les angles sont aussi fortement concernés par les transits.

Cette règle est très importante pour la suite : la planète du ciel dicte sa loi et son rythme à la planète du ciel de naissance visitée en signe et en maison.

1. Le site www.aureas.eu propose des éphémérides électroniques ainsi que des logiciels d'astrologie.

2. Le site www.astrotheme.fr propose gratuitement les éphémérides pour le mois en cours et offre la possibilité de dresser la carte du ciel au moment de notre choix.

Le principal message des planètes sont les suivants :

— Jupiter : développer le potentiel de la planète visitée
En conjonction, facilité d'intégration, transit très constructif sauf s'il est au carré d'autres planètes qui peuvent contrarier la confiance de Jupiter
En carré et opposition, risque d'inflation de l'ego et de désillusion
En sextile et en trigone, aide à la croissance

— Saturne : structurer le potentiel de la planète visitée
En conjonction, enjeu de structuration très fort, très constructif et solide dans la durée sauf s'il est en carré qui peuvent éroder la persévérance de Saturne
En carré et en opposition, la structuration demande un engagement dans le temps et de la patience
En sextile et en trigone, aide à la fiabilité

— Uranus : libérer les blocages de la planète visitée
En conjonction, le passage de libération est vécu impérativement et rencontre peu de résistances
En carré et en opposition, la libération peut se faire dans le conflit et la rupture non souhaitée consciemment
En sextile et en trigone, aide à la libération et à de nouvelles opportunités

— Neptune : apporter une expansion de conscience à la planète visitée
En conjonction, le passage de lâcher-prise s'impose de lui-même
En carré et en opposition, l'expansion de conscience peut s'avérer être un mirage de l'ego
En sextile et en trigone, aide au lâcher-prise et à un imaginaire positif

— Pluton : aller en profondeur de la planète visitée et déprogrammer son karma négatif pour être dans son plein potentiel
En conjonction, la transformation s'impose d'elle-même
En carré et en opposition, la transformation peut s'avérer éprouvante et conflictuelle
En sextile et en trigone, aide à la transformation et à la révélation de l'être

Si aucune planète ni angle n'est concerné, les planètes du ciel vont de toute façon « travailler » en profondeur le secteur du ciel où elles se trouvent, surtout en période de rétrogradation. Les transits des planètes lentes (Jupiter, Saturne, Uranus, Neptune, Pluton) sont plus significatifs que ceux des planètes rapides (Mercure, Vénus, Mars), sauf lorsque ces dernières rétrogradent.

ÉVOLUTION DES PLANÈTES DANS LE ZODIAQUE

Planète	Révolution zodiacale	Dans chaque signe
Soleil	1 an	30 jours (1 degré par jour)
Lune	29 jours	2 jours (1 degré toutes les 2 heures)
Mercure	88 jours	7 jours
Vénus	225 jours	18 jours
Mars	1 an 322 jours	2 mois
Jupiter	11 ans 317 jours	1 an
Saturne	29 ans 167 jours	2 ans
Uranus	84 ans	7 ans
Neptune	164 ans 280 jours	13 ans
Pluton	248 ans	De 12 à 30 ans

Les transits seront étudiés dans le détail ultérieurement, chapitre après chapitre, selon la planète concernée.

Les transits les plus importants à identifier sont les suivants (en prenant en compte les orbes indiqués dans les aspects) :

— Ceux des planètes de Jupiter à Pluton qui passent en conjonction sur un angle, sur le Soleil, sur la Lune, sur le maître d'Ascendant, sur les nœuds lunaires ; ce transit est encore plus déterminant s'il rétrograde sur ces points (les rétrogradations seront expliquées ultérieurement)

— En opposition et en carré du Soleil, de la Lune, du maître d'Ascendant

— En trigone et en sextile du Soleil, de la Lune, du maître d'Ascendant

— Ceux des planètes rapides, Mercure, Mars, en Vénus, lorsqu'elles rétrogradent sur les points cités, d'autant plus si elles sont régents karmiques

Les signes du zodiaque[1]

Les signes du zodiaque suivent le rythme des saisons à partir de l'équinoxe de printemps qui constitue, en astrologie, le début de l'année, et se succèdent dans la roue du zodiaque selon le sens inverse des aiguilles d'une montre, toujours dans cet ordre : Bélier, Taureau, Gémeaux, Cancer, Lion, Vierge, Balance, Scorpion, Sagittaire, Capricorne, Verseau, Poissons.

Pour comprendre astronomiquement ce qu'est un équinoxe[2], il faut avoir à l'esprit que le cercle de l'écliptique

1. Voir le récapitulatif des signes en annexe.

2. Un schéma de l'équinoxe est présent dans l'encart en couleur de cet ouvrage.

est incliné de 23 degrés sur le cercle de l'Équateur céleste.

Les deux cercles se croisent en deux points qui marquent les équinoxes de printemps et d'automne.

L'équinoxe correspond au moment où le Soleil traverse le plan équatorial terrestre, changeant d'hémisphère. L'équinoxe de mars correspond au début du printemps et l'équinoxe de septembre au début de l'automne dans l'hémisphère nord, l'équinoxe de septembre au début du printemps dans l'hémisphère Sud et celui de mars au début de l'automne dans l'hémisphère Nord.

À partir de l'équinoxe de printemps, le Soleil monte dans l'écliptique jusqu'au maximum de hauteur, c'est le solstice d'été et le jour le plus long de l'année. Après l'équinoxe d'automne, il descend au point le plus bas, c'est le solstice d'hiver et la nuit la plus longue de l'année.

Ces rendez-vous cosmiques correspondent aux saisons avec une répartition de l'énergie solaire en quatre parties, le printemps, l'été, l'automne et l'hiver. Chaque partie étant divisée en trois, ce qui donne trois signes du zodiaque par saison, correspondant aux véritables mois énergétiquement parlant.

Chaque début de saison, avec les équinoxes et les solstices, marque donc quatre points cardinaux dans l'année, qui sont considérés comme des portes d'évolution.

Équinoxe de printemps, entrée du Soleil dans le signe du Bélier.	L'énergie du printemps est générée par le Bélier. Elle prospère par le Taureau. Et se diffuse par les Gémeaux.
Solstice d'été, entrée du Soleil dans le signe du Cancer.	L'énergie de l'été est générée par le Cancer. Elle rayonne par le Lion. Et est moissonnée par la Vierge.

Équinoxe d'automne, entrée du Soleil dans le signe de la Balance.	L'énergie de l'automne est générée par la Balance. Elle se concentre dans le Scorpion. Et se transmet par le Sagittaire.
Solstice d'hiver, entrée du Soleil dans le signe du Capricorne.	L'énergie de l'hiver est générée par le Capricorne. Elle se fixe dans le signe du Verseau. Et se dissout dans le signe des Poissons.

Pour capter l'essence d'un signe, il est fondamental de le relier à la partie de la saison dans laquelle il se situe, et selon la répartition jour/nuit de celle-ci. Les périodes des équinoxes correspondent à une parfaite égalité de la durée du jour et de la nuit. À partir de l'équinoxe, le jour est croissant jusqu'à son apogée au moment du solstice d'été, ensuite, il décroît en restant prépondérant jusqu'à l'équinoxe d'automne, date à laquelle la nuit va croître en intensité jusqu'au solstice d'hiver.

Le jour, relié au Soleil et au pôle conscient, est synonyme d'extériorisation et d'expression de l'énergie masculine, tandis que la nuit, reliée à la Lune et au pôle inconscient, est synonyme d'intériorisation et d'accueil de l'énergie féminine.

Le Bélier, la force de l'élan vital[1]

Lorsque le Soleil se trouve dans le signe du Bélier, c'est le jour de l'équinoxe de printemps : à cette période de l'année, tout renaît, à commencer par le bourgeonnement des fleurs et le chant des oiseaux. La vie a finalement triomphé de la mort, le jour de la nuit. C'est la fin officielle de l'hiver et la force vitale a triomphé de lui. À l'image de

1. Voir le tableau récapitulatif des signes en annexe.

sa planète Mars, le Bélier est avant tout un guerrier, né armé, victorieux de l'adversité. En toutes circonstances, il désire être le premier, le meilleur, animé par le besoin de se réaliser. C'est le feu à l'état pur, celui des pionniers et des aventuriers qui oublient parfois qu'il peut brûler.

Le Taureau et les plaisirs de la vie

Lorsque le Soleil se trouve dans le signe du Taureau, le printemps s'installe, les jours rallongent, la nature est luxuriante. C'est le signe qui symbolise la Terre mère et ses bienfaits, l'incarnation, un rapport privilégié au corps et aux sens, ainsi qu'avec le monde matériel qu'il sait pouvoir faire fructifier. Solides et ancrés, les Taureaux ont besoin de sécurité et de stabilité qu'ils incarnent de façon évidente. Ils inspirent confiance car ils sont stables et pragmatiques à la fois. À l'instar de la planète Vénus qui le gouverne, le Taureau est un signe connu pour son sens de l'esthétisme, sa fibre artistique, l'amour des belles choses et des belles matières. Il cultive l'art de vivre, non dépourvu d'un certain matérialisme. La sécurité matérielle le rassure et c'est aussi pour cela qu'il a un fort instinct de propriété et qu'il résiste tant aux changements.

Les Gémeaux et l'univers des mots

Lorsque le Soleil se trouve dans le signe des Gémeaux, les beaux jours sont là, et avec eux le besoin accru de s'extérioriser, de communiquer avec les autres et d'interagir avec le monde. C'est un moment de l'année où l'on « prend l'air », élément de ce signe qui lui apporte une extraordinaire facilité relationnelle. Le Gémeaux est aussi connu pour ses étonnantes capacités intellectuelles et son affinité avec l'univers des mots. Son agilité et sa rapidité mentale font de lui un être brillant, ingénieux, inventif et particulièrement volubile. Son esprit ludique révèle aussi l'adolescent qu'il est resté. Sa planète est Mercure.

Le Cancer, cultiver son âme d'enfant

Quand viennent le solstice d'été et l'entrée du Soleil dans le signe du Cancer, c'est le premier jour de l'été, le jour le plus long de l'année, celui où la lumière est la plus présente. Pourtant, la planète du Cancer n'est pas le Soleil, mais bien la Lune. Étrange paradoxe qui souligne le lien indéfectible entre ces deux luminaires. Tout se passe comme si la Lune avait reçu mission du Soleil d'engendrer sa lumière. La Lune, symbole par excellence du féminin et archétype de la mère dans l'inconscient collectif, est aussi une sorte de miroir, puisqu'elle n'émet aucune lumière mais reflète celle du Soleil. Le Cancer, signe d'Eau, est relié à la symbolique de la mère et à son pouvoir créatif et protecteur. Comme elle, il est en gestation et a profondément besoin d'une forme de cocon pour se sentir en sécurité et pouvoir créer.

Le Lion, flamboyant et théâtral

Lorsque le Soleil se trouve dans le signe du Lion, il est chez lui, au cœur même de l'été, comme placé au centre de son propre rayonnement, précisément au moment où l'extériorisation personnelle atteint son apogée. L'âme exulte, les corps et les cœurs sont exaltés. Le Lion, signe de Feu, est sans doute par nature le plus rayonnant. Il a parfois tendance à en jouer, ce qui peut lui conférer ce côté flamboyant et théâtral. C'est aussi son côté enfant.

Au fond de lui, il a gardé la mémoire qu'il était digne d'adoration, et il aime être adoré, sentir les regards posés sur lui, ce qui le conforte dans son caractère unique. Cela peut aussi révéler une personnalité quelque peu égocentrique et narcissique.

La Vierge, ordre et discrétion

Lorsque le Soleil se trouve dans le signe de la Vierge, l'été est sur son déclin. Cette période de la moisson où se récoltent les fruits de la belle saison précède l'automne et coïncide avec la rentrée scolaire, évoquant une bonne organisation. Régie par Mercure, planète du mental et de l'intelligence, la Vierge est le signe de l'intelligence analytique qu'elle utilise de façon méticuleuse, ordonnée et programmée, alors que le Mercure des Gémeaux fonctionne davantage en arborescence. Une autre particularité de la Vierge est son idéal de pureté et de perfection. En analogie avec Déméter, déesse de l'Agriculture et des Moissons, elle symbolise la Terre mère et la façon dont on la cultive et la protège. Soucieuse de son intérieur, la Vierge cultive aussi la discrétion et déploie ses talents pour y mettre de l'ordre, le purifier et se rendre utile. Jusqu'à devenir parfois trop perfectionniste.

La Balance, amoureuse de l'amour

Avec l'équinoxe d'automne, le Soleil entre dans le signe de la Balance, le jour et la nuit sont à parfaite égalité. Tout notre être perçoit alors l'équilibre parfait des forces en présence, celles du jour et de la nuit, du Soleil et de la Lune, du masculin et du féminin, des pôles conscient et inconscient, du ciel et de la Terre. Mais la Balance, signe d'Air, perçoit aussi la fragilité de cet ensemble, raison pour laquelle elle est si sensible à la couleur du ciel, à la fraîcheur de certains matins, aux couleurs jaune et orangé des arbres. À peine l'été fini, la nostalgie s'installe, il n'y a pas plus mélancolique que la Balance, cela fait partie de son charme et nourrit son âme d'artiste. Régie par la planète Vénus, la Beauté et l'Amour personnifiés, elle accorde une grande importance à l'harmonie dans ses relations, que ce soit au sein de son couple, dans le cadre de ses associations, mais aussi dans sa propre relation au monde extérieur et dans ce qui l'unit au cosmos. Ce qui peut la rendre particulièrement dépendante.

Le Scorpion et le pouvoir de la transformation

Lorsque le Soleil se trouve dans le signe du Scorpion, l'automne s'installe, les nuits s'allongent, le travail d'intériorisation s'intensifie. L'obscurité qui grandit, tandis que la Lune éclaire la nuit noire, peut être porteuse d'une certaine angoisse. Mars et Pluton, planètes de volonté et de pouvoir, régissent le signe du Scorpion. Puissantes, elles sont potentiellement destructrices en raison des rapports de force qu'elles génèrent. Il est alors nécessaire d'exprimer pleinement son pouvoir personnel pour ne pas avoir à subir celui de l'inconscient. Le Scorpion est aussi un être intuitif, sensible, secret et mystérieux. C'est un signe d'Eau, bien plus relié aux émotions qu'il n'y paraît, ce qui le rend féminin. Redoutant la pleine lumière, il avance masqué. Son monde est celui des forces subtiles, le rendant particulièrement stratégique et endurant. Attention, sa piqûre peut être mortelle.

Le Sagittaire, rien n'est assez grand

Lorsque le Soleil est dans le signe du Sagittaire, c'est la fin de l'automne et l'hiver est déjà bien perceptible. Les nuits sont les plus longues de l'année, le besoin de lumière se fait plus présent tout comme l'envie de se réchauffer auprès de l'âtre. Le Sagittaire est un signe de Feu, pas celui qui jaillit ou qui brûle, mais un feu doux, en rapport avec la flamme intérieure qui nous anime, nous élève et nous transcende. C'est le feu de la connaissance, la lumière qui nous permet de garder l'espoir. Un mélange de foi et de joie, comme sa planète Jupiter. Le Sagittaire voit les choses en grand et à ses yeux rien ne l'est assez. L'élévation est son *leitmotiv* et cela le mène souvent hors des frontières, qu'elles soient mentales ou géographiques. Il a aussi tendance à dépasser les limites, c'est son côté excessif.

Le Capricorne, gravir des sommets

Avec le solstice d'hiver, le Soleil fait son entrée dans le signe du Capricorne, c'est officiellement l'hiver. Il s'agit de faire preuve d'une résistance à toute épreuve pour mieux concrétiser ses objectifs, la Terre étant son élément et Saturne sa planète. Sous ses airs sérieux et réservés, le Capricorne est sans doute le signe le plus ambitieux du zodiaque. Il convoite les plus hautes fonctions, à l'instar de la chèvre, son animal légendaire, qui a besoin d'une montagne à gravir, quelles que soient les difficultés, avec une certaine complaisance vis-à-vis de celles-ci. Ce qui motive avant tout le Capricorne, c'est la légitimité de sa réussite : il entend que ses qualités intrinsèques soient reconnues, au premier rang desquelles l'intégrité et la rigueur de son travail, souvent vécues de façon sacrificielle.

Le Verseau et ses idées géniales

Lorsque le Soleil se situe dans le signe du Verseau, l'hiver s'installe et cherche une porte de sortie à l'enfermement dans lequel l'a mis le Capricorne. Ce n'est pas un signe d'Eau mais d'Air, sans doute celui qui présente la plus grande activité cérébrale, celui qui allie les forces du mental à un idéal supérieur qui l'attire sans cesse vers le monde des idées et celui de demain. Il sait que le printemps arrive, que les forces de vie sont à l'œuvre et que des changements sont inéluctables. Sa planète est Uranus, Ouranos ou le grand ciel étoilé, le grand créateur de l'humanité. Le Verseau incarne des valeurs de liberté, de fraternité et d'innovation. Il est connu pour son intelligence supérieure, ses idées géniales, ses concepts innovants et souvent révolutionnaires, ce qui le rend aussi marginal, jusqu'à être traité de fou.

Les Poissons, rêve et spiritualité

Lorsque le Soleil se trouve dans le signe des Poissons, l'hiver touche à sa fin et le printemps revient. Comme entre deux saisons, on peut se sentir entre deux mondes, entre deux eaux. Douzième et dernier signe, naturellement signe d'Eau, les Poissons terminent un cycle et viennent boucler la boucle du zodiaque. Ce retour aux origines induit un état de fusion avec le Grand Tout qui caractérise aussi bien l'état qui a précédé notre naissance que celui qui succédera à notre existence : la communion avec l'Univers. Leurs planètes, Jupiter et Neptune, symbolisent l'expansion de la conscience et la perception illimitée du monde. Ce sont deux planètes de foi, ce qui confère aux Poissons une dimension mystique et sacrée, parfois vécue sous la forme de l'irrationalité et de la perdition.

*

Le rythme biologique de l'homme a toujours fonctionné par rapport aux saisons qui rythment la relation du Soleil et de la Lune, au cycle circadien de l'alternance du jour et de la nuit, assimilant le Soleil au jour et la Lune à la nuit. Le Soleil représente une fonction d'extériorisation et le pôle conscient de l'être, en relation avec ses objectifs, la Lune, une fonction d'intériorisation et plus inconsciente de l'être, en relation avec ses ressentis.

En astrologie, tout fonctionne en axe et rien n'existe sans son contraire : cela n'est pas assez compris ni assimilé. Notre inconscient fonctionne de telle sorte que lorsque nous nous identifions à quelque chose, en l'occurrence à un signe du zodiaque, nous nourrissons également son ombre, c'est-à-dire le signe qui lui est opposé et qui demandera tôt ou tard à être intégré.

Lorsque l'on se dit du signe du Capricorne, cela signifie que le Soleil, au moment de sa naissance, se situe dans ce signe et va s'exprimer à travers lui. Et il en va de même pour chaque planète. Les signes sont les vecteurs d'expression des planètes, à travers leurs caractéristiques intrinsèques. C'est pourquoi il est possible d'être marqué par plusieurs signes selon les planètes qui les occupent. Les généralités dont il est coutume d'affubler les signes du zodiaque nous font parfois perdre de vue l'essentiel, la problématique majeure à laquelle ils sont confrontés. Avoir cela à l'esprit permet de rectifier le tir, de rester sur le versant positif du signe et de ne pas tomber dans le piège de son pendant négatif.

Pour ma part, plus le temps passe et moins je les utilise comme des attributs de la personnalité : « Ah ! tu es Capricorne, cela signifie que tu es particulièrement perfectionniste, que tu ne t'arrêtes jamais de travailler et que tu t'es blindé du monde des émotions. » Si cela tombe souvent juste, dire ce genre de choses à une personne qui les sait déjà n'est pas très utile. Surtout si on ne lui livre que le bon versant de l'histoire : « Ton ambition te portera à des sommets de réussite » ou : « Tu es peut-être pessimiste mais tu finiras centenaire. » Bien sûr que tout cela est juste, mais l'astrologie que j'aime se pratique autrement.

L'astrologie nous rappelle sans cesse que tout est question d'équilibre. D'ailleurs, nous sommes souvent attirés par les personnes du signe contraire à notre signe solaire ou par l'élément qui nous fait défaut si tel est le cas. Ainsi, le Bélier, dont les qualités principales sont l'audace, le courage, la force, l'esprit d'initiative, l'innovation, l'enthousiasme, l'indépendance et la combativité est mis au défi d'intégrer les qualités de la Balance (altruisme, diplomatie, sens de la justice, délicatesse, esthétisme, raffinement) pour ne pas pâtir des épreuves liées à ses défauts (précipitation, impatience, impulsivité, agressivité, brutalité, inconstance) et atteindre un meilleur équilibre.

L'astrologie n'est pas une exégèse des qualités et défauts des signes qui réduirait un individu à son caractère ; c'est un outil de compréhension des composantes dont il dispose pour mieux se comprendre, s'accepter et s'accomplir, en fonction de ce qu'il vit, de ce qu'il ressent, et de l'histoire intime que lui seul connaît de l'intérieur.

Un signe est valorisé lorsque le Soleil, la Lune, le maître d'Ascendant ou un amas de planètes s'y trouvent, lorsque c'est celui de l'Ascendant et aussi celui d'un des nœuds lunaires.

Les signes, les planètes et les maisons sont aussi reliés par un système d'analogies assez complexe à assimiler : tout le travail de l'astrologue consiste à interpréter ce subtil mélange de raison et d'intuition.

CORRESPONDANCES SYMBOLIQUES DES ANALOGIES

Signe, planète, maison en analogie	Mots-clés de la symbolique
Bélier – Mars – Maison I	Action, initiative, leadership, affirmation, combativité.
Taureau – Vénus – Maison II	Argent, acquisition, plaisir, valeur, stabilité.
Gémeaux – Mercure – Maison III	Communication, pensée, expression, mouvements, fratrie.
Cancer – Lune – Maison IV	Émotions, créativité, origine, famille, protection.
Lion – Soleil – Maison V	Ambition, rayonnement, charisme, égocentrisme, élégance.
Vierge – Mercure – Maison VI	Service, perfectionnisme, rationalité, ordre, pureté.
Balance – Vénus – Maison VII	Relation, amour, équilibre, harmonie, justice.
Scorpion – Mars Pluton – Maison VIII	Pouvoir, inconscient, transformation, mystère, sexualité.
Sagittaire – Jupiter – Maison IX	Élévation, expansion, étranger, transmission, idéal.
Capricorne – Saturne – Maison X	Ambition, sécurité, structure, autorité, détermination.
Verseau – Saturne Uranus – Maison XI	Liberté, solidarité, originalité, singularité, créativité.
Poissons – Jupiter – Neptune – Maison XII	Inconscient, rêve, collectif, intuition, divin.

Ce tableau vous invite à repérer les récurrences d'un même groupe analogique, à partir de la valorisation des planètes, des signes et des maisons. Cela fait émerger des problématiques saillantes et facilite le travail d'interprétation. Ce raisonnement par analogie nécessite une gymnastique d'esprit qui s'acquiert avec la pratique et le temps.

Les trois modes

Les signes peuvent être répartis en trois modes : cardinal, fixe et mutable.

Chaque saison contient les trois, le premier signe de chaque saison faisant partie du mode cardinal, le deuxième, du mode fixe, et le troisième du mode mutable.

Ainsi :

SAISON	SIGNE	MODE
PRINTEMPS	BELIER	CARDINAL
	TAUREAU	FIXE
	GEMEAUX	AIR
ÉTÉ	CANCER	CARDINAL
	LION	FIXE
	VIERGE	MUTABLE
AUTOMNE	BALANCE	CARDINAL
	SCORPION	FIXE
	SAGITTAIRE	MUTABLE
HIVER	CAPRICORNE	CARDINAL
	VERSEAU	FIXE
	POISSONS	MUTABLE

Le mode cardinal, en relation avec le Soleil et Mars

Il est caractérisé par la capacité d'aller de l'avant, d'initier des changements, d'impulser une nouvelle dynamique de vie. Son atout est sa force d'adaptation, sa faiblesse, son manque de constance.

Le mode fixe, en relation avec Saturne

Il est caractérisé par la capacité de concrétiser l'énergie initiée dans la matière, la stabilité, la prospérité. Son atout est sa force de concentration, sa faiblesse, sa résistance au changement.

Le mode mutable, en relation avec Mercure et Jupiter

Il est caractérisé par la capacité d'adaptabilité, ses facultés en communication, sa polyvalence. Son atout est sa force d'adaptation, sa faiblesse, sa dispersion.

Pour connaître quel est votre mode prépondérant, identifiez le mode de votre Ascendant, de votre soleil, de votre lune, de votre maître d'Ascendant, de Mercure, de Vénus, de Mars, de Jupiter et de vos nœuds lunaires. Vous relèverez tout de suite si un mode ressort plus qu'un autre.

Si un mode fait défaut, la valorisation d'une planète qui est en relation avec lui peut compenser ses caractéristiques manquantes.

Relations entre les planètes, les maisons et les signes

Chaque planète se trouve dans un signe qui constitue sa façon de s'exprimer et dans une maison qui constitue son lieu d'expérience privilégié, communiquant entre elles par les aspects.

Une maison comprend un à plusieurs signes qui vont colorer ce secteur d'expériences en fonction de sa symbolique et de ses caractéristiques. Le signe le plus important à prendre en compte est celui de la cuspide de la maison qui va donner l'ambiance générale. Un signe est dit « intercepté » quand il ne contient pas de cuspides. Dans ce cas l'axe des deux signes concernés (puisque le signe d'en face est dans la même situation) est dit intercepté. Il est considéré comme moins accessible que les autres d'où l'intérêt de comprendre cette donnée pour se le réapproprier en conscience, surtout si des planètes s'y trouvent, car elles risquent d'être difficiles d'accès.

La planète du signe de la cuspide est dit le gouverneur de la maison et se trouve souvent dans une autre maison du thème. C'est le système des maîtrises planétaires. Ce qu'il faut retenir, c'est que le maître de la maison est en quelque sorte le représentant de celle-ci et qu'il va donc y avoir des correspondances.

Exemple : admettons que la cuspide de la maison V soit dans le signe du Lion. Le gouverneur de la maison est donc le Soleil. Si le Soleil est en maison X, cela va indiquer que l'amour de soi et son expression (thèmes maison V) ont toutes les chances de se manifester dans le secteur de la maison X à travers notamment une profession où l'on est particulièrement ambitieux et charismatique.

Il est donc important d'identifier pour chaque planète la maison qu'il représente, d'autant que le transit d'une planète dessus pourra dès lors avoir un impact sur cette dernière, qui ne serait pas visible sans cette technique.

Les maisons que les signes occupent sont « le terrain de jeux » de ces signes, leur lieu d'expression privilégié. Toutefois, ces notions sont vraiment complexes et techniques et cela n'a aucune importance de les intégrer pour la compréhension de l'ouvrage.

Les quatre éléments

Chaque signe du zodiaque est associé à l'un des quatre éléments : Terre, Eau, Feu, Air. Ils sont rarement équitablement répartis, mais l'idéal serait qu'ils le soient pour être en équilibre. Des possibilités de compensation apportées par les planètes existent, dans le natal comme en transit, mais les éléments sont surtout présents dans notre environnement et à notre disposition.

ASSOCIATION ENTRE LES SIGNES DU ZODIAQUE ET LES ÉLÉMENTS

Signes	Élément associé
Capricorne, Taureau et Vierge	Terre
Verseau, Gémeaux et Balance	Air
Poissons, Cancer et Scorpion	Eau
Bélier, Lion et Sagittaire	Feu

Les signes appartenant au même élément entretiennent des relations privilégiées car ils se comprennent instantanément ; on dit que ce sont des signes en « aspect de trigone ». L'Air et le Feu communiquent aussi bien entre eux, ainsi que la Terre et l'Eau ; ce sont des signes en « aspect harmonique de sextile ».

C'est la répartition des planètes en signes qui établit une valorisation ou une carence d'un élément, la présence du Soleil, de la Lune, du maître d'Ascendant étant prépondérante. Si vous n'avez aucune planète (ou une planète transaturnienne, Uranus, Neptune ou Pluton) dans un élément, il s'agit d'une carence évidente ; si vous avez une récurrence de planètes dans un élément, ce dernier se trouve en excès. Les éléments du Soleil, de la Lune, de l'Ascendant, du maître d'Ascendant et des planètes rapides (Mercure, Mars, Vénus) sont les plus importants à prendre en compte. Il suffit de faire correspondre chaque planète à l'élément du signe où elle se trouve.

Les fonctions jungiennes des éléments

Jung a attribué des fonctions à chacun des éléments : la Terre, fonction Sensation ; le Feu, fonction Intuition ; l'Air, fonction Pensée ; l'Eau, fonction Sentiments. Les fonctions « Intuition » et « Sensation » sont opposées, comme « Pensée » et « Sentiments », ainsi, le Feu est spontanément attiré par la Terre (et inversement), et l'Air par l'Eau (et inversement).

Les éléments sont également présents dans les processus de transformation de la psyché. La Terre est ainsi en relation avec Saturne et la phase de « coagulation » ; le Feu est en relation avec le Soleil, Mars et Pluton, et avec la phase alchimique de « calcination » ; l'Air est en relation avec Mercure et Uranus, et avec la phase alchimique de « sublimation » ; l'Eau est en relation avec la Lune et Neptune, et avec la phase alchimique de « dissolution ».

Une planète prédominante dans le ciel de naissance peut accentuer les éléments déjà présents ou les compenser lorsqu'ils sont défaillants. Si un ciel de naissance manque par exemple de Terre (aucune planète dans les signes de Terre), alors un Saturne fort (angulaire ou à proximité d'un luminaire ou maître d'un amas) pourra compenser.

TABLEAU RÉCAPITULATIF DES ÉLÉMENTS

Élément	Caractéristiques	Excès	Carences
Terre	L'énergie solide qui donne son assise à la vie. Élément du réalisme, du matérialisme et de l'efficacité. Apporte patience, endurance et discipline. Sécurité et stabilité.	Scepticisme. Matérialisme pur et dur. Résistance au changement. Fermeture d'esprit qui ne croit que ce qui est tangible et concret. *Conseils :* Équilibrer par l'exercice physique et la stimulation intellectuelle. Faire preuve d'audace et de curiosité.	Manque de structure, d'ancrage, sentiment de déracinement ou d'isolement. *Conseils :* Vivre au présent et profiter des sensations, faire les choses lentement. Être au contact de l'élément Terre ; marcher, jardiner, manger des produits avec des racines, se concentrer sur les gestes de la vie quotidienne.
Feu	L'énergie qui irradie la vie. Élément de la joie de vivre, du courage et de la volonté. Apporte la capacité d'agir avec confiance et optimisme, l'audace et le charisme. Il est essentiel à la santé et au bonheur.	Vanité, orgueil, qui peuvent conduire à des formes de tyrannie et des comportements colériques. Intransigeance et manque de sensibilité pour autrui. *Conseils :* Équilibrer par la réflexion et la patience, éviter l'exposition à des situations extrêmes qui activent la colère.	Manque de joie de vivre et de combativité, difficultés d'entreprendre. Pessimisme, manque de confiance en soi. *Conseils :* Pratiquer la pensée positive et agir. Être au contact de l'élément Feu, se mettre au soleil et à la lumière, aller dans les pays chauds, manger des produits vitaminés.

Élément	Caractéristiques	Excès	Carences
Air	L'énergie qui permet de comprendre et de nommer le vivant. Élément de l'intelligence, de la pensée rationnelle et de l'équilibre nerveux. Apporte la cérébralité, la qualité relationnelle, la capacité de se lier, de se relier et de communiquer.	Hyperactivité mentale, tendance à tout contrôler, anxiété. La dispersion intellectuelle et relationnelle et le papillonnage amplifient le problème et créent du surmenage, jusqu'à la dépression nerveuse. *Conseils :* Revenir à des activités terre à terre, se concentrer sur le moment présent, ressentir plutôt qu'intellectualiser.	Manque de curiosité, de logique et de sociabilité. Difficultés à respirer au sens propre comme au sens figuré. Difficultés relationnelles. *Conseils :* S'ouvrir à l'inconnu et se changer les idées. Être au contact de l'élément Air : ouvrir grand les fenêtres, faire des balades en plein air, lire, sortir entre amis, ne pas rater une occasion de se divertir.
Eau	L'énergie qui crée et protège la vie. Élément de la fertilité, de l'origine, de la perpétuation et de la croissance du vivant. Apporte intuition, sentimentalité, créativité, empathie et compassion.	Constitution sensible changeante et influençable. Problématique de dépendance affective. L'irrationnel prend une grande place ainsi que des peurs indicibles. Sentiment d'insécurité et tendance à la victimisation. *Conseils :* Oser prendre des risques, rester éveillé, cultiver la curiosité intellectuelle et pratiquer des activités physiques. Se détacher de ses émotions.	Difficultés à ressentir ou à exprimer ses émotions. Manque de circulation et d'élimination. Problématique de stérilité, de frigidité liée à trop de rigidité. Vie affective frustrante. *Conseils :* Ouvrir son cœur davantage. Être au contact de l'élément Eau ; s'hydrater davantage, se rapprocher de la mer, prendre des bains, pratiquer la méditation, développer la compassion, avoir recours à des thérapies douces.

Les grands rendez-vous de la vie

« Le phénomène humain doit être mesuré sur une échelle cosmique. »

Pierre Teilhard de Chardin

S'il existe une loi en astrologie, c'est de suivre celle des cycles de la vie. Il y en a une autre, c'est de toujours aller dans le sens de l'énergie rencontrée. Nous sommes partie intégrante du cosmos, et les grands rendez-vous de la vie correspondent pour la plupart à des configurations planétaires bien connues. Il est donc important de resituer ce que l'on vit par rapport à notre âge, qui porte en lui le niveau d'intégration des planètes, et au cycle dans lequel on se trouve par rapport aux différentes planètes.

Saturne et son cycle de 30 ans

Le premier rendez-vous de la vie est bien évidemment celui de notre naissance : à partir de là, toute notre relation avec l'Univers va se déployer dans un système de synchronicités permanentes, plus ou moins conscientes et plus ou moins visibles, qui contient en outre une multitude de cycles.

La planète qui structure plus que tout notre vie est sans conteste Saturne, et son cycle est très fortement ressenti. C'est elle qui représente notre venue au monde par l'acte de la coupure du cordon ombilical et la séparation de la matrice maternelle. C'est elle encore qui, toute la vie, nous fera grandir en franchissant des caps de maturité et une série de séparations réelles ou symboliques, seule condition pour devenir un adulte à part entière, un être verticalisé, même face à la mort – dont elle est aussi l'emblème. Saturne, c'est aussi le symbole de la condition humaine par excellence, qui peut être perçue comme une vraie croix à porter, mais aussi comme la structure qui nous fait tenir debout en toutes circonstances, la loi intérieure, l'architecture sans laquelle il ne serait pas possible de s'incarner et de réaliser quelque projet que ce soit.

Son cycle est d'environ 29 ans, disons trente pour simplifier, et sépare ainsi la vie en trois tranches : de 0 à 30 ans, de 30 à 60 ans et de 60 à 90 ans. On appelle « retour de Saturne » la période pendant laquelle Saturne céleste est superposée à Saturne natale, soit aux âges indiqués, qui correspond à un enjeu majeur d'intégration de cette planète toujours porteuse d'une leçon de vie. Lorsqu'elle passe sur un point du thème (un luminaire, une planète ou un angle) en position directe, cela dure quelques jours ; lorsqu'elle rétrograde sur ce point, son passage dure environ neuf mois, le temps d'une naissance ou d'une renaissance.

L'âge de 29-30 ans est donc un palier de maturité important. C'est le nombre d'années qu'il a fallu à Saturne pour faire le tour du zodiaque et travailler un à un chaque signe en profondeur, ce qui nous amène à une bonne connaissance de soi-même : on peut alors s'engager en conscience. Cet âge correspond souvent à l'arrivée du premier enfant ou à la création d'un projet personnel ou professionnel fort. C'est en tout cas l'âge par excellence pour devenir adulte à part entière et ne plus être l'enfant de ses parents, prendre des décisions pour soi, en rapport avec sa personnalité autonome, en se libérant de ce qui nous a conditionnés depuis la naissance. C'est l'âge pour se faire confiance et ôter ses dernières béquilles.

L'âge de 59-60 ans est aussi un rendez-vous avec soi-même pour se réengager dans sa vie d'adulte, faire des choix justes, acter qu'un chapitre de vie est derrière soi et qu'un nouveau s'ouvre. C'est un tournant pour s'engager dans une vie moins active et plus spirituelle, changer ses priorités et avoir un rythme de vie plus juste qui nous correspond davantage.

À 90 ans, Saturne a fait trois fois le tour du zodiaque ; cet âge est considéré comme celui de l'intégration de la sagesse et de la maturité acquise pour accepter de quitter la vie terrestre.

Saturne a cette fonction de mettre de l'ordre, de structurer, de créer du discernement et de soumettre à des choix, parfois jusqu'à la rupture. Elle sépare pour permettre une plus grande autonomie. Mais elle peut aussi consolider et figer dans le marbre des situations et des relations ; le risque est alors d'être séparé de soi-même. Son maître mot : le principe de réalité.

Saturne présente également des sous-cycles de 7 ans environ. Tous les 7 ans, Saturne céleste forme un « aspect » par rapport à Saturne natale, soit en carré, soit en opposition, soit en conjonction, au retour de Saturne (superposition de Saturne céleste sur Saturne natale). Le premier carré a lieu à 7 ans (l'âge de raison), l'opposition à 14 ans (la puberté), le deuxième carré à 21 ans (l'émancipation), etc. On retrouve d'ailleurs ces étapes de 7 ou 14 ans dans la durée d'un projet, d'un couple : à chaque fois, nous avons rendez-vous avec Saturne pour réévaluer la solidité de notre engagement.

Une différence d'âge de 7 ans dans un couple est très fréquente, comme dans une association ou une fratrie. On observe alors toujours qu'une personne structure l'autre, la frustrant aussi par la même occasion, par l'incidence de Saturne dans la relation.

Dane Rudhyar, figure emblématique de l'astrologie moderne, place également l'âge de 35 ans – soit cinq cycles de 7 ans – comme un tournant : la marée de la force vitale monte jusqu'à cet âge, descend ensuite. Jusque-là, l'être humain essaie de bâtir sa vie sur la base de son hérédité, de son éducation et de son environnement, avec une dépendance forte au monde extérieur et aux expériences qu'il y fait. L'enjeu des 35 ans est d'assimiler et d'intégrer en soi le fruit de cette expérience en tant que personne complète et autonome. L'idée est ensuite de vivre une plus grande intériorité pour suivre la quête de sa véritable identité et de s'y aligner. L'âge de 70 ans – soit dix cycles de 7 ans – semble correspondre à l'intégration des cinq niveaux de la personnalité : physiologique, volitif, psychologique, social et spirituel.

Jupiter et son cycle de 12 ans

Un autre cycle caractéristique est celui de Jupiter, qui met 12 ans pour faire le tour du zodiaque et revenir à sa position initiale ; c'est ce que l'on appelle le retour de Jupiter qui correspond aussi à l'année de son signe chinois. Ce retour crée une nouvelle dynamique d'expansion, qui entraîne une énergie porteuse, à même d'initier et d'avoir foi en ses projets. Avant le retour de Jupiter, on se sent souvent au bout d'un cycle, on ressent le besoin de recharger ses batteries, ce qui se produit donc tous les 12 ans.

Jupiter est synonyme de confiance, de joie et de foi, elle apporte l'expansion nécessaire pour se développer et s'intégrer socialement en s'ouvrant à de nouvelles opportunités. Elle élargit le champ des possibles et accroît le mental à des niveaux de conscience supérieurs, en dépassant ses limites. Ainsi, 12 ans, 24 ans, 36 ans, 48 ans, 60 ans, 72 ans, 84 ans, 96 ans correspondent à des âges jupitériens.

Attention toutefois, si Jupiter est souvent associée à la chance et à la réussite, elle a aussi une fonction inflationniste susceptible d'exagérer et de dramatiser des situations. Elle peut aussi être liée à des moments difficiles qui vont amener à revisiter ses croyances. Avec Jupiter, le mauvais ego s'amplifie plus facilement, conférant des attitudes égocentriques et mégalomaniaques.

Les changements radicaux d'Uranus

Uranus, quant à elle, invite au changement, à l'indépendance, à la liberté. Lorsqu'elle se manifeste, elle reprend ses droits sur la sévérité de Saturne et, comme Jupiter, redonne vie aux rêves en créant de nouveaux possibles. Mais avec Uranus, les changements sont moins conscients, c'est une planète du monde invisible et transpersonnel qui donne l'impression que les choses sont décidées à un autre niveau ; elles interviennent toujours de façon imprévisible et radicale, amenant à se libérer des structures, des relations ou des situations trop ankylosées. Quand les résistances sont trop fortes, c'est la rupture non consentie : cette planète est trop puissante pour qu'on lui résiste. Elle amène des changements de paradigme irréversibles, des prises de conscience sans précédent, c'est le supramental[1] qui s'impose, sous forme de fulgurances et de coups de génie, parfois aussi comme la foudre – le coup de foudre mais aussi la foudre ravageuse. Les planètes ne font pas la différence entre le bien et le mal.

L'âge uranien par excellence est celui des 42-43 ans, celui où Uranus céleste est opposée à l'Uranus de naissance, qui correspond au paroxysme de la crise de la quarantaine. On se sépare souvent, à cet âge-là, si le couple est trop en dissonance avec notre idéal de liberté. C'est un âge où l'on ressent un désir irrépressible de liberté et d'indépendance qui n'est pas négociable. On peut aussi s'ouvrir alors à une passion naissante, à une nouvelle vocation. Uranus, c'est l'innovation et la créativité à l'état pur. On ne peut l'appréhender par le mental car elle agit sur d'autres plans : son mode opératoire est celui de l'imprévisibilité. C'est aussi et surtout une planète d'éveil qui invite à prendre de l'altitude et à spiritualiser l'existence.

Les autres âges uraniens correspondent au carré d'Uranus à elle-même : 21-22 ans et 63-64 ans et, bien sûr, 84-85 ans, âge qui correspond au retour d'Uranus. L'âge d'or d'Uranus, c'est 84 ans, avec ses sept cycles de Jupiter et ses trois cycles de Saturne, considéré comme l'âge théorique et archétypique du développement complet de l'homme devenu personnalité individuelle.

1. D'après Sri Aurobindo, « le supramental se caractérise essentiellement par une conscience de vérité qui sait du fait même de sa nature et de sa propre lumière – il n'a pas besoin d'arriver à la connaissance : il est la Vérité ».

Pluton et la crise existentielle de la quarantaine

Autre planète du transpersonnel, Pluton, dont la manifestation est toujours aussi éprouvante que passionnante. Pluton crée un climat d'intensité exceptionnelle, nous plonge au plus profond de nos forces inconscientes, de nos plus grands désirs et de nos instincts les plus inavouables, toujours aux frontières de la vie et de la mort. La psychologie des profondeurs, la sexualité et le pouvoir de transformation sont ses sujets favoris. C'est l'agent de transformation par excellence qui utilise les matériaux les plus sombres pour les amener à la lumière de la conscience, ce qui en fait aussi une planète de pouvoir. Mais de quel pouvoir parle-t-on ? Pouvoir de l'ego ou puissance de l'âme ? La frontière est parfois ténue.

Le carré de Pluton correspond à un âge clé où l'on se familiarise avec elle, nous faisant rencontrer une autre dimension de l'être où les tabous et les secrets n'ont plus leur place. C'est le moment où tout ce qui était interdit, inaccessible, inavouable, refoulé, revient en force pour contacter plus de puissance et accéder à la totalité de soi. Avec elle, il est fréquent de se retrouver sous une forme d'emprise très forte qui nous entraîne dans des expériences transgressives tout en créant un climat mortifère qui ne laisse pas d'autre choix.

Les passages plutoniens correspondent à la mort symbolique de l'ego et de notre ancienne personnalité. Ce sont des périodes alchimiques, des périodes de transformations magiques où l'on peut vraiment avoir la sensation de mourir. Mais c'est aussi la condition de notre renaissance. C'est normalement vers 38 ans qu'intervient cette manifestation, mais Pluton ayant un cycle très irrégulier, elle peut avoir lieu plus tard, notamment à 40 ans pour les natifs au-delà de 1983, et même vers 45 ans pour ceux nés après 1990. Par ailleurs, ses effets sont fonction de ses transits sur le ciel de naissance.

Pluton et Uranus sont très présentes dans les problématiques de la quarantaine et peuvent expliquer sur un plan astrologique la crise du même nom qui demande davantage de pouvoir et d'autonomie.

Neptune et son lâcher-prise

Neptune est également une planète transpersonnelle, même si ses transits me semblent moins spectaculaires. C'est une planète qui dissout les résistances et les cristallisations et qui crée de la confusion, idéale pour s'ouvrir à l'amour inconditionnel et à une cause collective. Elle est très déstabilisante pour la personnalité car elle donne l'impression de vivre en pleine irrationalité. Au carré de Neptune, vers 40 ans, c'est le moment où l'on commence à « faire du bon Neptune », c'est-à-dire à discerner davantage et à ne plus confondre rêve et réalité, et à faire de ses désillusions des leçons de réalisme, en distinguant ce qui relève du bon imaginaire et ce qui relève de la chimère. Son opposition a lieu vers 81 ans, moment où l'âme se sent appelée vers d'autres plans. Neptune, planète par laquelle on s'abandonne au divin, peut donner l'impression que l'on ne s'appartient plus.

On parle souvent de la « malédiction » des musiciens qui opère à 27 ans, celle qui a touché Jimi Hendrix, Janis Joplin, Jim Morrison, Kurt Cobain ou encore Amy Winehouse. Les musiciens ont toujours une composante neptunienne très forte, ce qui leur confère une sensibilité et des perceptions hors du commun, potentiellement aussi des dons et des talents exceptionnels, en lien avec leur sixième sens. Mais également une difficulté à s'incarner dans ce monde et une propension aux paradis artificiels, des mécanismes de dépendance et de fuite bien connus chez les neptuniens. 27 ans, c'est effectivement l'âge où Neptune forme un sextile à elle-même, au carré de Saturne, ce qui peut expliquer que, pour des personnalités très marquées par Neptune, cet âge soit critique ; Saturne n'ayant pas encore opéré son retour, la personnalité n'est pas suffisamment consolidée.

La renaissance des 33 ans

Une fois le retour de Saturne passé, à 29-30 ans, on est censé avoir posé les fondations de sa vie d'adulte, avec un Saturne très fort jusqu'au carré de Pluton et l'opposition d'Uranus, qui renforce notre sens des responsabilités. Bien entendu, tout le monde ne réagit pas de la même manière selon l'importance des planètes dans le thème du natal, mais il est évident qu'une étape importante a été franchie.

L'année des 33 ans revêt une importance particulière car le jour de notre anniversaire, à notre heure de naissance, la position du Soleil et de l'Ascendant est identique à celle de notre jour de naissance, réactivant son potentiel pour une année. Du temps de Pythagore, 600 ans avant Jésus-Christ, la numérologie plaçait le nombre 33 au premier rang des nombres maîtres, un chiffre sacré représentant la vérité divine. D'ailleurs, c'est l'âge de la crucifixion du Christ, un nombre sacré que l'on retrouve dans beaucoup de traditions mystiques et occultes – comme dans la franc-maçonnerie, qui a choisi de faire du 33e degré le grade le plus élevé de son ordre. C'est aussi le nombre de nos vertèbres et de degrés de chaleur correspondant à la température d'ébullition de l'eau sur l'échelle Newton, avec la symbolique alchimique qui lui est associée. En termes de reconversion professionnelle, s'il y a une année dans la trentaine qui s'y prête, c'est bien celle-là ; 33 ans est aussi un âge où l'on se libère de son karma pour se révéler dans sa vie d'adulte, libéré des conditionnements qui pouvaient nous entraver.

Nœuds lunaires et retour de la Lune noire : évolution et complétude[1]

Un autre cycle très important est celui qui est lié aux nœuds lunaires et au retour de la Lune noire (le point opposé de la Lune sur son orbite, et par là-même son absence) tous les 9 ans ; il revêt une vraie dimension cosmique et spirituelle. C'est l'inversion des nœuds lunaires à qui il faut 18 ans pour faire le tour du zodiaque, dans le sens des aiguilles d'une montre – contrairement au sens des planètes. C'est un cycle de complétude, lié de surcroît au chiffre 9, relié à l'éternel recommencement, à la fin d'un cycle et à la gestation d'un nouveau. Ainsi, tous les 9 ans, les nœuds lunaires nous font évoluer – ou pas – et nous aident à transformer notre vie en destinée. On retrouve souvent ce chiffre dans la durée d'un projet ou d'une association et dans la différence d'âge de deux personnes qui ont entre elles des liens karmiques puissants.

Dix fois neuf, c'est 90 ans, trois cycles de Saturne : la boucle est bouclée, la vie de l'au-delà peut commencer…

1. Un schéma de représentation des nœuds lunaires est présent dans l'encart en couleur de cet ouvrage.

TÉMOIGNAGE

La reconversion d'Emmanuelle

Emmanuelle me consulta alors qu'elle commençait une activité de coach en parallèle de son activité de directrice de crèche. Elle hésitait à aller plus loin et cherchait une confirmation dans cette nouvelle voie qui s'amorçait tout juste.
Elle vivait alors l'opposition d'Uranus, qui est souvent le moment où l'on trouve enfin la force d'affirmation qui nous manquait. Uranus céleste en Taureau bousculait alors ses acquis et activait son Uranus natale en Scorpion dans le secteur de la maison VI qui réclame autonomie et créativité dans le secteur de la vie du quotidien. Elle était aussi candidate à la transformation et à la reconversion du fait de cette position valorisée d'Uranus à proximité du Soleil, qui attendait son heure. Par ailleurs, elle avait vécu quelques années plus tôt le carré de Pluton qui avait enclenché une quête de sens et rendait de plus en plus incompatible une activité qui n'étanchait pas sa soif d'intensité. Pluton était par ailleurs sur son Milieu du Ciel carré au Soleil, rendant cette reconversion d'autant plus essentielle qu'elle s'inscrivait dans un processus de transformation radicale.
Tous les signaux étaient présents pour l'encourager à faire des choix de vie plus alignés avec ses désirs profonds. Elle en avait bien conscience, mais restait un problème de taille : le logement. Elle bénéficiait effectivement d'un appartement de fonction, et son Ascendant Taureau y était très attaché.
Les transits ayant fait leur œuvre, Emmanuelle est aujourd'hui coach à plein temps, elle s'est même formée à l'astrologie, qu'elle intègre à ses consultations. Elle a trouvé le courage nécessaire pour quitter son appartement de fonction, et malgré ses croyances limitantes qui lui disaient que cette aventure était impossible, la chance lui a permis de se loger convenablement.

Le Soleil a rendez-vous avec la Lune

« Si le Soleil et la Lune se mettaient à douter,
ils s'éteindraient sur-le-champ. »

William Blake

Ce couple du zodiaque contient des indications précieuses sur notre façon d'être et de ressentir. La Lune et le Soleil constituent le couple archétypal par excellence dont est empreinte notre psyché ; nous sommes liés à eux par notre nature d'êtres cosmiques. Ils sont aussi interdépendants l'un de l'autre dans leur dimension symbolique, comme nous le rappellent l'alternance du jour et de la nuit et le rythme des saisons, avec une force solaire prépondérante : l'été, et une force lunaire prépondérante : l'hiver, se retrouvant à égalité au moment des équinoxes de printemps et d'automne.

Le Soleil, pouvoir créateur de l'esprit

De la même façon que le Soleil est au centre du Système solaire, il est au centre de notre psyché et peut être considéré comme une expression de notre Soi, centre de notre identité véritable. C'est le Soleil qui parle le plus de notre essence et de ses qualités intrinsèques en fonction de sa position en signes. Lorsque l'on dit : « Je suis du signe du Sagittaire », cela signifie que le Soleil se trouvait en Sagittaire au moment de notre naissance[1].

1. Voir le tableau des signes et des maisons en annexe.

Le Soleil est relié au pôle conscient et masculin de l'être, c'est le but de notre existence, associé au père et à notre potentiel de rayonnement, en relation avec l'énergie vitale, la confiance naturelle en la vie et la capacité d'incarner et de réaliser ce qui nous tient le plus à cœur. C'est le pouvoir créateur de l'esprit. Chaque signe du zodiaque a une nature intrinsèque, avec ses caractéristiques et ses priorités. Nous voudrions tous pouvoir directement l'exprimer le mieux possible mais cela se passe rarement ainsi car le zodiaque ne se limite pas à un signe et demande d'être exploré sous toutes ses facettes pour incarner en conscience ce que l'on est fondamentalement. Le signe du Soleil est si important dans notre psyché que l'on a tendance à se focaliser dessus, à attirer à nous les épreuves que l'on redoute par rapport à la symbolique du signe et à en exprimer davantage les défauts que les qualités tant que le travail d'individuation n'est pas enclenché. Par exemple, la priorité de la Balance est la relation et le couple, et elle a tendance à vivre des déceptions par rapport à cette thématique tant qu'elle ne réalise pas que la relation est avant tout à établir en elle-même.

Comme nous l'avons déjà indiqué, il est essentiel d'aller puiser dans le signe opposé les qualités manquantes pour trouver l'équilibre et ne pas s'enfermer dans des schémas récurrents d'attente et de déception, et de réaliser enfin ce qui nous tient le plus à cœur. L'astrologie demande toujours une démarche consciente pour optimiser les forces en présence. L'Ascendant est notre meilleur allié pour ce faire. Dans une première partie de vie, il n'est pas évident d'être à l'aise avec son Ascendant car la personnalité n'est pas encore suffisamment construite et consolidée et l'on peut craindre l'ombre potentielle qu'il constitue.

On entend souvent dire qu'après 40 ans, l'Ascendant prend le dessus sur le signe solaire. Pour moi, c'est un non-sens. L'Ascendant ne parle pas de qui l'on est vraiment mais de la *persona* de Jung, la personnalité apparente, le masque social, dont on a absolument besoin pour être de ce monde, mais il ne révèle pas notre identité véritable. En revanche, dire que la perception de l'Ascendant est de plus en plus présente fait complètement sens.

La Lune, notre mère céleste

La Lune parle des besoins fondamentaux et organiques de l'être. C'est notre pôle émotionnel, plus inconscient, en relation avec le féminin qui accueille et ressent, et la façon dont il a été perçu par la mère. La Lune nous parle aussi de l'enfant intérieur et des nourritures dont il a besoin pour se sentir en affinité avec cette première relation primordiale entre la mère et l'enfant. Si l'inconscient collectif avait un miroir, ce serait elle, la Lune, l'autre versant de la conscience universelle. Elle évoque toute l'histoire de l'humanité avec sa noirceur, ses drames, ses blessures, ses atrocités, mais aussi ses dieux, ses mythes et ses archétypes sur lesquels l'humain se construit, se détruit et se reconstruit, et accède lui-même à sa dimension divine, ou pas. La Lune est notre mère céleste, pas toujours tendre, mais qui brille telle une boussole dans la nuit pour nous rappeler qu'il est normal de ressentir et de douter ; que la vie est par nature cyclique et une alternance d'émotions contradictoires.

De la même taille apparente dans le ciel que le Soleil, la Lune reflète, tel un miroir, la lumière du Soleil, en réception énergétique, comme le principe féminin (qui accueille la vie alors que le principe masculin l'impulse). Cette illusion d'égalité provient du fait que si la Lune est 400 fois plus petite que le Soleil, elle est 400 fois plus proche de la Terre. C'est elle aussi qui explique le phénomène des éclipses, qui sera traité ultérieurement. Encore une fois, ce qui compte du point de vue de l'astrologie c'est la perception psychique, qui les perçoit comme les deux faces d'un tout. La Lune exprime notre pôle émotionnel qui va nourrir le but de notre existence, notre rayonnement personnel et nos réalisations objectives à travers le Soleil, dont le rayonnement va se refléter à son tour sur la Lune dans notre capacité à être reconnu, apprécié, et valorisé. La Lune est un indicateur de notre popularité, voire de notre notoriété, notamment si elle est angulaire au Descendant ou au Milieu du Ciel (les deux angles du ciel de naissance qui interagissent avec le monde extérieur).

Ce n'est pas un hasard si son cycle d'une durée de 29 jours environ (un peu plus de 28) est équivalent à celui de la femme et si son humeur change au gré de sa forme.

DIMENSIONS SYMBOLIQUES DU SOLEIL ET DE LA LUNE

Le Soleil	**La Lune**
Pouvoir créateur de l'esprit	Besoins organiques de l'être
La conscience du Soi	La relation à l'âme
Le père	La mère
L'homme	La femme

Le yang	Le yin
Le jour	La nuit
Le conscient	L'inconscient
L'action	La réception
Le but, l'objectif	La nature profonde, les ressentis
Le héros de notre existence	La conseillère intérieure
Rayonne à travers les qualités érigées en valeurs du signe où il se trouve et dans la maison qu'il occupe et qui est centrale.	Se nourrit de l'essence du signe dans lequel elle se trouve et nourrit à son tour. La maison qu'elle occupe constitue sa zone de confort et l'endroit où elle rayonne.

Comprendre le cycle de la lunaison[1]

L'homme se perçoit dans son espace-temps à travers les cycles du Soleil et de la Lune auxquels son rythme biologique et sa constitution psychique sont reliés, faisant de lui un être cosmique, partie du macrocosme auquel il est parfaitement synchronisé.

La Terre met 365 jours à faire le tour du Soleil, alors que la Lune, orbite de la Terre, fait le tour d'elle-même en 28 jours environ. La période synodique de la Lune est de 29 jours et demi : c'est le temps qu'elle met pour revenir à la même position par rapport à la Terre et au Soleil, soit la durée entre deux Nouvelles Lunes. Les Nouvelles Lunes correspondent au moment où la Lune se situe entre la Terre et le Soleil. Pendant cette phase, elle est conjointe au Soleil et ne se situe pas dans le ciel nocturne, il est donc impossible de la voir. Le Soleil et la Lune sont alors en conjonction dans le zodiaque, au

1. Voir le tableau des lunaisons 2021, 2022 et 2023 en annexe.

même degré d'un signe. Au moment de la Pleine Lune, environ 14 jours après, la Terre est entre le Soleil et la Lune, qui forment une opposition dans le zodiaque, à 180 degrés exactement l'un de l'autre.

Le Soleil représente le pôle conscient de l'être, relié au pôle masculin et à l'extériorisation, à la manifestation de son potentiel ; la Lune, son pôle inconscient, relié au féminin et à l'intériorisation, à la façon subjective de percevoir et de ressentir. Pour comprendre comment les lunaisons opèrent à travers les rendez-vous mensuels de la Nouvelle Lune et de la Pleine Lune, nous pouvons remplacer le mot « Lune » par « lumière » ou « conscience ». Rappelons-nous que la Lune est le miroir du Soleil et que sa lumière est celle du Soleil qui s'y reflète. J'aime aussi cette image d'une nouvelle alvéole de conscience qui se crée tous les mois dans notre être, la succession des lunaisons évoquant notre nature spirituelle en permanente évolution. D'ailleurs, l'âge si symbolique de 84 ans, correspondant au retour d'Uranus, contient un peu plus de mille lunaisons.

Ainsi, il y a deux phases principales dans le cycle de la lunaison : une phase croissante qui va de la Nouvelle Lune à la Pleine Lune, et une phase décroissante qui va de la Pleine Lune à la Nouvelle Lune. À chaque Nouvelle Lune, un nouveau cycle commence alors que la Lune est prépondérante et qu'on ne la voit pas dans le ciel, ce qui signifie qu'elle est très forte à l'intérieur de soi. Nous sommes alors dans une phase très subjective, instinctive, portée par une nouvelle énergie reliée à la symbolique du signe dans lequel elle a lieu. À partir de celle-ci, la phase croissante commence : la Lune croît, et avec elle la lumière du Soleil. C'est une phase dynamique d'action pendant laquelle l'énergie masculine augmente et, avec elle, le besoin d'agir, de s'extérioriser et d'aller de l'avant.

Avec la Pleine Lune, c'est l'apogée du cycle, qui est la pleine conscience de ce qui a été initié au moment de la Nouvelle Lune – en relation, bien sûr, avec toutes les lunaisons qui l'ont précédée. Pendant cette phase de révélation, le besoin de réalisation est très fort. C'est le moment du cycle où l'on a rendez-vous avec soi, les luminaires nous invitant à la rencontre des polarités opposées : c'est le moment d'en prendre conscience et de les transcender. Après la Pleine Lune, la phase décroissante commence, la Lune décroît et, avec elle, la lumière du Soleil. C'est une phase de relâchement, l'énergie féminine redevient prépondérante comme le besoin de se ressourcer, de s'intérioriser et de privilégier la réflexion à l'action.

À l'intérieur de ces deux phases se situe le moment où le Soleil et la Lune sont en carré, c'est-à-dire à 90 degrés du zodiaque. Lors de la phase croissante, c'est le premier quartier, qui correspond à une période de crise dans l'action. Lors de la phase décroissante, c'est le dernier quartier, qui correspond à une période de crise de conscience. Dans les deux cas, ce sont des moments de tension du cycle qui demandent des réajustements, une résolution du problème qu'ils mettent en lumière.

Le cycle de la lunaison

J 1	Nouvelle Lune	Phase croissante
J 7	Premier quartier	
J 14	Pleine Lune	Phase décroissante
J 21	Dernier quartier	

Chaque mois, reliés au cycle de la lunaison, nous ressentons collectivement et individuellement ses différentes phases. Il suffit d'observer la Lune dans le ciel pour savoir dans quelle phase nous nous situons : dans sa phase croissante, la Lune forme un D, dans sa phase décroissante, après la Pleine Lune, elle forme un C. Le signe dans lequel a lieu chaque Nouvelle Lune la colore de sa symbolique, en relation avec le rythme des saisons. La Nouvelle Lune est donc la rencontre du Soleil et de la Lune au même degré du zodiaque. La maison où se trouve cette Nouvelle Lune est le secteur de vie qui a le plus de chances de bénéficier de cette nouvelle conscience en devenir et du nouveau départ qui lui correspond. Deux semaines après, la Lune a parcouru la moitié du zodiaque et éclaire le signe opposé à celui du Soleil, soit dans le signe qui fait face à celui de la Nouvelle Lune, soit dans le signe qui lui succède. Un axe constitué de la présence des luminaires dans deux signes opposés est alors éclairé par les luminaires : c'est le moment de l'apogée du cycle et de la pleine conscience de ce qui a été initié depuis la Nouvelle Lune.

Dane Rudhyar a mis en évidence huit phases dans le cycle de lunaison, chacune d'une durée de trois jours et demi, environ. Ainsi, la Nouvelle Lune et la Pleine Lune se font fortement ressentir trois jours avant et produisent des effets pendant trois jours, avec une concentration de leur symbolique au moment de leur formation. Il a également établi que la phase du cycle soli-lunaire de notre naissance définissait un type de personnalité en fonction du nombre de degrés qui se trouvent entre le Soleil et la Lune en partant du Soleil dans le sens contraire des aiguilles d'une montre dans notre ciel de naissance (voir tableau).

LES HUIT PHASES DE LUNAISON

Phase	Position de la Lune	Signification
Nouvelle Lune	Entre 0 et 45 degrés après le Soleil	Nouvelle conscience Démarrage d'un nouveau cycle
Premier croissant	Entre 45 et 90 degrés	Libération
Premier quartier	Entre 90 et 135 degrés	Crise d'action
Gibbeuse	Entre 135 et 180 degrés	Perfectionnement des acquis
Pleine Lune	Entre 180 et 225 degrés	Pleine conscience Accomplissement du cycle
Disséminatrice	Entre 225 et 270 degrés	Dissémination des prises de conscience de la Pleine Lune
Dernier quartier	Entre 270 et 315 degrés	Crise de conscience
Balsamique	Entre 315 et 360 degrés	Deuil du cycle qui se termine et germination du nouveau cycle

Profils de personnalités selon les phases soli-lunaire du ciel de naissance

Phase Nouvelle Lune

Ce sont des personnalités de type Bélier, impulsives et allant de l'avant, particulièrement intuitives et instinctives, marquées par des idéaux élevés. Elles peuvent être assez infantiles dans leur mode de fonctionnement, étant portées par leurs rêves et leurs envies dans une démarche très personnelle. On observe souvent chez de tels individus le besoin d'avancer à deux, à l'image du Soleil et de la Lune, proches l'un de l'autre, dont il est difficile d'incarner les deux dimensions à la fois ; l'une l'emporte inexorablement sur l'autre, qui est alors « projetée » sur le partenaire.

Phase premier croissant

Ces personnalités cherchent à se libérer des forces du passé ; la lumière réapparaît dans le ciel, conférant une ardeur à l'action, une capacité à surmonter les obstacles, une confiance dans la vie qui donne aussi une bonne confiance intérieure.

Phase premier quartier

Période de crise dans l'action, personnalités marquées par la volonté de construire, de structurer, de mettre en place le cadre qui va porter leur lumière. Le Soleil et la Lune sont en carré dans le ciel, ce qui crée un conflit structurel mais aussi une dynamique pour s'en libérer.

Phase gibbeuse

Personnalités qui ont à cœur de contribuer à la croissance, à la leur et à celle de la société, d'œuvrer pour une plus grande expression de la lumière. C'est une phase de perfectionnement de la lunaison en rapport avec une ambition élevée au profit d'une plus grande lumière pour le collectif.

Phase Pleine Lune

Personnalités amenées à transcender la dualité dont elles ont parfaitement conscience. Elles ont une conscience très claire des choses mais sont parfois en conflit très net avec deux parties d'elles-mêmes, en l'occurrence le Soleil et la Lune. Ce sont toujours des personnalités fortes animées par un puissant besoin d'accomplissement.

Phase disséminatrice

Personnalités qui éclairent et transmettent leur énergie, leurs savoirs, leurs lumières. Elles ont à cœur de redistribuer l'énergie solaire et de la partager. Elles peuvent être amenées à prendre une place de choix dans la société, à moins d'être influencées négativement par elle.

Phase dernier quartier

Période de crise de conscience. Importance des idéaux et des idées qui ont besoin de prendre forme et d'être intégrés collectivement. Ces personnalités sont des réformateurs ; elles ont conscience qu'un nouveau monde est en construction et souhaitent y prendre part.

Phase balsamique

C'est une période très sensible pendant laquelle les ressentis sont exacerbés, rendant les personnes de cette phase particulièrement intuitives, voire prophétiques. Elles sont conscientes d'être porteuses d'une dimension beaucoup plus grande qu'elles-mêmes. En quête d'une transcendance hors norme, elles se sentent parfois encore attachées à un ancien monde qui s'achève. Il y a chez ces personnalités une attente de l'impulsion nouvelle de la Nouvelle Lune alors qu'elles se sentent dépendantes d'émotions liées aux mémoires du passé. Cette phase est une période de flou, de confusion, de détachement, de lâcher-prise obligatoire qui porte les germes du renouveau.

Ces profils de personnalités sont valables toute la vie et s'actualisent avec la technique dite des directions secondaires et du thème progressé[1].

Les éclipses, présages de changements drastiques

Les cycles de la Lune ont certes une dimension magique mais sont rarement synonymes de sérénité pour ceux qui s'avancent sur le chemin de la conscience. Ces rendez-vous s'effectuent avant tout à l'intérieur de soi, dans un dialogue permanent entre conscient et inconscient – qui par définition nous échappe et contient ce que nous ne voulons pas voir car trop violent ou problématique pour la constitution de notre personnalité. Ce dialogue est une intégration très progressive qui se fait, cycle après cycle ; il faut sans doute plusieurs vies pour en devenir maître.

Puisque la conscience universelle augmente en lumière et en intensité, tous les actes de notre vie nous confrontent de plus en plus à un choix, celui de savoir si ce que nous faisons est au service de l'ego ou de l'âme, ce qui est très loin d'être évident, d'autant que notre âme a besoin d'avoir un ego suffisamment solide pour s'incarner. Ces moments de choix souvent appréhendés comme « impossibles » apparaissent avec une clarté plus évidente lors des éclipses qui ont été perçues depuis les civilisations anciennes comme une occultation de la lumière, présage de changements drastiques. Ces phénomènes astronomiques s'expliquent par la présence d'une

1. Technique élaborée par Dane Rudhyar selon laquelle un deuxième thème astral coexiste avec le ciel de naissance partant du principe que le Soleil « progresse » d'un degré par an, et la Lune d'un degré par mois.

Nouvelle Lune à proximité d'un nœud lunaire, il s'agit alors d'une éclipse de Soleil avec la Lune qui interfère entre la Terre et le Soleil. Lorsque c'est la Pleine Lune qui est conjointe à un nœud lunaire, il s'agit d'une éclipse de Lune, la Terre se situant alors exactement entre le Soleil et la Lune.

Pour qu'il y ait éclipse, il faut que l'orbe entre les luminaires et les nœuds lunaires soit inférieur à 18 degrés, ce qui n'est pas systématique. Pour que l'éclipse soit totale, l'orbe doit être inférieur à 10 degrés, ce qui est plus rare, un à deux généralement par an.

Durant ces rendez-vous d'une extrême intensité, l'ombre est révélée, provoquant des changements de fond potentiellement très anxiogènes et une invitation à transmuter les peurs en faisant le choix de la lumière. Dans ces moments, l'homme est mis au défi de conscientiser l'ombre et de la transmuter, c'est-à-dire de faire triompher la lumière. L'éclipse révèle la lumière, mais à la condition que l'homme fasse le choix de sa part divine ; dans le cas contraire, elle le fait plonger dans son obscurité, l'enfermant dans ses schémas obsolètes.

Lors des éclipses de Soleil, l'ombre met en évidence les parties égotiques et abusives de l'être en relation avec son pôle masculin. La conscience est mise sur tous les *patterns* (schémas structurels de la psyché) liés à l'archétype du Soleil qui sont incompatibles avec l'évolution de notre âme. Le moment est venu de mourir à certains schémas, à des relations toxiques et à une part de nous trop conditionnée par l'ambition solaire, le culte de la personnalité et les stigmates du patriarcat. Lors des éclipses de Lune, c'est notre pôle féminin en souffrance qui est révélé par l'obscurité pour mettre en évidence la partie émotionnelle de l'être en souffrance, celle qui nous renvoie à la vulnérabilité de la condition humaine. Ces moments d'éclipse de Lune nous connectent plus que d'habitude, non seulement à notre souffrance personnelle, mais aussi à celle de l'inconscient collectif qui peut faire caisse de résonance à travers les événements qui ont lieu autour de la période d'éclipse.

Ce sont des moments propices pour se défaire de ses comportements infantiles et de ses habitudes de vie toxiques. Ils sont alors vecteurs d'une très grande évolution.

La Lune représentant les attachements au passé et le Soleil la conscience du présent, le passé tend à l'emporter sur le présent lors d'une éclipse solaire et le présent sur le passé lors d'une éclipse lunaire. Lorsque deux éclipses se succèdent, la deuxième est la résultante de la première et mettra en évidence soit l'échec de l'ego soit la réalisation de l'âme dans une évolution spectaculaire. En tout état de cause, ce sont des moments où nous sommes particulièrement confrontés à nos karmas non résolus qui peuvent envahir l'être. La force psychologique et l'intégrité de l'individu sont alors sollicitées à leur comble pour se mettre au service de la dimension transpersonnelle de son existence, œuvrer par sa force personnelle d'évolution à l'éveil collectif. L'idée est de tirer le meilleur de ces rencontres avec l'ombre pour construire un avenir plus lumineux.

Elles ont quasiment systématiquement des répercussions spectaculaires au niveau de l'actualité mondiale et peuvent donc affecter l'individu à travers elle, surtout s'il se sent relié à l'intérêt collectif.

Les éclipses ayant lieu près des nœuds lunaires en transit, elles accentuent les maisons où ils se trouvent.

Ces passages auront encore plus de force s'ils ont lieu à proximité d'un point névralgique de notre ciel de naissance (axe Ascendant – Descendant, axe Fond du Ciel – Milieu du Ciel, axes des nœuds lunaires, ou en aspect du Soleil et de la Lune). Ils détiennent une dimension karmique du fait de la présence des nœuds lunaires, et sont des moments privilégiés pour faire le choix de l'âme, celle qui survit à la matière et à tous les attributs de la personnalité, et faire confiance au plan divin qui nous demande à ce moment précis de consentir à un sacrifice sur notre vie terrestre pour pouvoir évoluer dans cette incarnation.

Une personne particulièrement concernée par une éclipse peut en ressentir les effets six mois avant. C'est le signe qu'elle a une mission transpersonnelle à déployer, au service de plus grand qu'elle.

Les effets d'une éclipse sont censés produire leurs effets pendant six mois, soit généralement jusqu'à l'éclipse suivante.

LES TRANSITS DU SOLEIL ET DE LA LUNE DANS LE CIEL DE NAISSANCE

Le Soleil met 365 jours pour faire le tour du zodiaque, soit environ 30 jours par signe, et la Lune met elle 28 jours, traversant un signe tous les 2,5 jours environ.
Le signe que le Soleil traverse nous donne des indications sur le plan collectif de la symbolique activée en référence à ce signe. Sur le plan individuel, la maison visitée par le Soleil nous donne des indications sur le secteur d'expérience mis en lumière.
Méthodologie :
— Relever la position du Soleil[1] en degré et en signe
— Identifier la maison de votre ciel de naissance qu'il traverse en le superposant sur le degré correspondant
— Il faut compter environ 1 degré[2] par jour pour savoir combien de temps le transit dure

Le signe que la Lune traverse nous donne des indications sur le plan collectif de l'ambiance et de l'humeur du jour en référence à ce signe. Sur le plan individuel, la maison visitée par la Lune nous donne des indications sur le secteur d'expérience qui sera émotionnellement activé. C'est un transit court puisque selon la longueur de la maison il ne dure que quelques jours. Cela permet d'avoir des éléments de datation par rapport à un rendez-vous important, allant parfois jusqu'à apporter des éléments horaires.
Méthodologie :
— Relever la position de la Lune en degré et en signe
— Identifier la maison de votre ciel de naissance qu'elle traverse en le superposant sur le degré correspondant

1. Le site www.astrotheme.fr par exemple nous donne la position des planètes actualisée tous les jours et les éphémérides pour le mois à venir.

2. Les signes du zodiaque vont par ordre chronologique dans le sens inverse des aiguilles d'une montre. Le début du signe commence à gauche de celui-ci. Chaque signe comporte 30 degrés et les logiciels indiquent tous les 5 degrés par un tiret.

— Il faut compter environ 12 degrés par jour pour savoir combien de temps le transit dure

Ainsi, le passage exact de la Lune sur un angle (Ascendant, Fond du Ciel, Descendant, Milieu du Ciel) est particulièrement significatif et peut permettre d'affiner l'horaire d'un évènement.
Nous favoriserons le passage de la Lune sur l'Ascendant par exemple pour un rendez-vous qui demande une mise en lumière de la personne ou sur celui du Descendant pour signer un contrat.
Le passage du Soleil est encore plus marquant puisqu'il dure plus longtemps, éclairant l'année en douze secteurs d'expérience. Celui de la Lune est plus passager, faisant le tour des douze secteurs d'expérience en un mois.

Les transits évoqués doivent être aussi analysés selon le cycle de la lunaison. Si une Nouvelle Lune ou une Pleine Lune a lieu sur un axe du thème elle sera vécue très intensément et actualisera la thématique concernée.

....

Les nœuds lunaires, du destin à sa destinée

« Choisissez une étoile, ne la quittez pas des yeux. Elle vous fera avancer loin, sans fatigue et sans peine. »

Alexandra David-Néel

Les nœuds lunaires sont les points d'intersection entre l'orbite de la Lune autour de la Terre et l'orbite apparente du Soleil autour de la Terre. Dans la carte du ciel, ils sont représentés comme des bagues en forme d'anses, avec deux petits cercles aux extrémités, l'un ouvert vers le bas (le nœud nord), l'un vers le haut (le nœud sud).

Des portes de lumière

Dans la tradition astrologique, ils sont appréhendés comme le karma et le dharma, aussi appelés en Inde Ketu (la queue du dragon) et Râhu (la tête du dragon), le nœud sud étant appréhendé comme maléfique et le nœud nord comme bénéfique. Si cela fait sens d'associer le nœud sud au karma et à une programmation inconsciente de l'être, et le nœud nord au dharma et au potentiel de libération de l'être – en quelque sorte au destin (subi) et à la destinée (choisie) –, il est important de sortir de toute approche manichéenne qui alimente une vision dualiste et fataliste de la vie, dangereuse, laissant planer une sorte de malédiction qui entretient le karma non résolu. De même, il me semble fondamental de réhabiliter le nœud sud, car un individu ne devient pas conscient en rejetant l'inconscient mais bien en l'accueillant et en le transformant.

Par ailleurs, ces deux points se font face, formant deux vortex, deux centres énergétiques, et cela ne fait pas sens de les séparer l'un de l'autre. Ainsi, l'axe qu'ils occupent est sûrement le plus important du thème, celui qui contient intrinsèquement la lumière du cycle soli-lunaire et par laquelle notre propre lumière a le plus de chances de se révéler. Ma proposition est donc de les considérer comme des portes de lumière. Celle du nœud sud, il est vrai, va davantage évoquer la lumière de notre ego, celle qui est nourrie par les automatismes de la personnalité. Elle constitue une fausse zone de confort, qui met en évidence nos facilités mais aussi nos frustrations et nos limitations, et nous empêche d'évoluer. L'autre, celle du nœud nord, évoque la lumière de l'être qui s'accomplit librement sur la voie de sa réalisation et la découverte de son potentiel.

Faire dialoguer les nœuds lunaires : une promesse d'accomplissement

Les signes du nœud sud comme du nœud nord nous confèrent des qualités. Dans le cas du signe du nœud sud, il s'agit de qualités innées qui ont tendance à s'exacerber ; dans le cas du signe du nœud nord, il s'agit de qualités qui sont disponibles mais dont nous avons moins conscience. S'agissant des défauts, ceux du signe du nœud sud sont très présents, et ceux du signe du nœud nord sont inopérants, ou presque.

L'idée est de cultiver les deux signes et de les faire dialoguer entre eux en ayant conscience que l'effort conscient en direction du nœud nord favorise l'aide de l'Univers. Ce qu'il souhaite, c'est nous faire évoluer et se révéler dans la puissance de l'être, c'est la dynamique intrinsèque de l'humain en évolution et en expansion permanente, à l'image du cosmos, et sa logique est de décupler nos forces lorsque nous dépassons ce qui relève d'une sorte de programmation karmique.

L'axe des nœuds lunaires nous parle de cette promesse d'accomplissement. Le lieu du nœud sud est le point de départ, un signe et une maison « amis » où l'on se ressource et se récompense, comme une mémoire familière, en conscience de ses limitations. Il est lié à la Lune, à la symbolique du cocon protecteur, de ses besoins fondamentaux et à la façon dont nous nous sentons maternés. Pour que la maison reste cet endroit de bonheur et de chaleur, il faut aussi savoir en sortir afin qu'elle ne se transforme pas en prison. Le nœud nord fonctionne comme cette voie de libération, une bonne étoile à ne pas perdre de vue. Elle est là depuis notre naissance et il s'agit moins de la choisir que de l'identifier et de suivre sa direction.

La compréhension des nœuds lunaires dans le ciel de naissance est une combinaison de sa signification en signes et en maisons, actualisée par la visite du nœud nord dans la maison qu'il transite. C'est une donnée structurelle qui reste pour toute la vie.

Identifier les nœuds nord et sud dans le ciel de naissance

Position du nœud nord et du nœud sud en signes

Nœud sud en Capricorne – Nœud nord en Cancer	
Axe	La réalisation
Enjeu	Du sens des responsabilités à la créativité
Cadeau	Principe de réalité

Excès	Sacrifice, culpabilité, renoncement
Le problème	Ambition sociale
Mon conseil	Valoriser sa créativité, faire confiance à ses émotions et les exprimer, se réconcilier avec son féminin, se révéler dans la maternité

Nœud sud en Verseau – Nœud nord en Lion	
Axe	La gouvernance
Enjeu	Des idéaux à la lumière qui émane de soi
Cadeau	Altruisme, idéal de liberté élevé
Excès	Marginalité, détachement à outrance, militantisme stérile
Le problème	Idéalisme
Mon conseil	Réhabiliter l'ego, l'expression de la personnalité, s'engager pour soi-même, régner sur sa vie

Nœud sud en Poissons – Nœud nord en Vierge	
Axe	Le service
Enjeu	De la dévotion à l'expertise
Cadeau	Connexion avec le divin
Excès	Déconnexion avec la réalité, fuite, déni, dépendance
Le problème	Une trop grande porosité
Mon conseil	Revenir à des domaines concrets, faire preuve de raison et de discernement

Nœud sud en Bélier – Nœud nord en Balance	
Axe	La relation
Enjeu	Du leadership à la diplomatie

Cadeau	Énergie, leadership, capacité à entreprendre
Excès	Agressivité, autoritarisme
Le problème	Individualisme, action et agissements excessifs
Mon conseil	Prendre en compte l'autre, développer sa capacité à faire équipe, passer du moi au nous

Nœud sud en Taureau – Nœud nord en Scorpion	
Axe	Le pouvoir
Enjeu	Du pouvoir matériel à celui du monde invisible
Cadeau	Facilités matérielles, rapport privilégié au monde matériel
Excès	Possessivité, peur de manquer
Le problème	Avidité
Mon conseil	Partager, réaliser que rien n'est éternel, apprendre le détachement, la capacité à se transformer, s'allier avec la psychologie des profondeurs

Nœud sud en Gémeaux – Nœud nord en Sagittaire	
Axe	La connaissance
Enjeu	De l'intelligence au savoir
Cadeau	Facilités intellectuelles, mental rapide
Excès	Dispersion
Le problème	Le mental
Mon conseil	S'élever, privilégier le fond à la forme, travailler son authenticité, sa profondeur, s'engager dans sa quête de sens, transmettre son expérience

Nœud sud en Cancer – Nœud nord en Capricorne	
Axe	La réalisation
Enjeu	Du monde de l'enfance à l'incarnation des responsabilités
Cadeau	Sensibilité exacerbée
Excès	Narcissisme primaire, dépendance, recherche de sécurité
Le problème	Immaturité
Mon conseil	Prendre ses responsabilités, devenir adulte, ne compter que sur soi

Nœud sud en Lion – Nœud nord en Verseau	
Axe	La gouvernance
Enjeu	De l'ego à l'altruisme
Cadeau	Réussite et lumière, milieu social élevé
Excès	Échec
Le problème	Égocentrisme, recherche excessive de prestige, fierté
Mon conseil	S'intéresser aux autres et agir de façon désintéressée, incarner des valeurs impersonnelles

Nœud sud en Vierge – Nœud nord en Poissons	
Axe	Le service
Enjeu	Du mental à l'holistique
Cadeau	Un mental très structuré
Excès	Manque d'ouverture
Le problème	Le contrôle
Mon conseil	S'ouvrir au monde irrationnel, vivre l'instant présent

Nœud sud en Balance – Nœud nord en Bélier	
Axe	La relation
Enjeu	De la relation à l'individualité
Cadeau	Sens du beau et de la relation
Excès	Superficialité, dépendance au regard de l'autre
Le problème	Dépendance affective
Mon conseil	S'autonomiser, initier avec courage et fermeté

Nœud sud en Scorpion – Nœud nord en Taureau	
Axe	Le pouvoir
Enjeu	Du pouvoir psychique au pouvoir sensoriel
Cadeau	Grande force psychique
Excès	Négativité, vivre dans la crise
Le problème	La méfiance
Mon conseil	Avoir confiance, jouir de l'instant

Nœud sud en Sagittaire – Nœud nord en Gémeaux	
Axe	La connaissance
Enjeu	Du savoir à la communication
Cadeau	Connaissance
Excès	Dogmatisme, idées très arrêtées
Le problème	Prétendre détenir une quelconque vérité supérieure
Mon conseil	Expérimenter, s'adapter, faire preuve de légèreté, de curiosité, développer son rôle de messager, communiquer

Position du nœud nord et du nœud sud en maison

Nœud sud en maison I – Nœud nord en maison VII	
Enjeu	Aller à la rencontre de l'autre
Difficulté	Trop sûr de soi, tendance à ne compter que sur soi, à vivre seul
Mon conseil	Développer le domaine des relations et associations, s'ouvrir à l'inconnu

Nœud sud en maison II – Nœud nord en maison VIII	
Enjeu	Le détachement
Difficulté	Se rassure excessivement par le monde matériel
Mon conseil	Aller vers le partage et le monde invisible, envisager une reconversion

Nœud sud en maison III – Nœud nord en maison IX	
Enjeu	Élévation spirituelle
Difficulté	Prédominance du mental, risque de rester enfermé dans les problématiques de l'environnement proche
Mon conseil	Aller vers tout ce qui symbolise l'étranger et l'élévation

Nœud sud en maison IV – Nœud nord en maison X	
Enjeu	Prendre sa place dans le monde
Difficulté	Trop fort attachement aux origines et aux racines, à tout ce qui symbolise le foyer
Mon conseil	Se faire confiance pour voler de ses propres ailes

Nœud sud en maison V – Nœud nord en maison XI	
Enjeu	Œuvrer à un monde plus fraternel
Difficulté	Excessivement préoccupé par son image ; problématiques autour de l'ego et ses créations
Mon conseil	Prendre sa place dans le groupe, suivre un idéal collectif et s'initier au partage

Nœud sud en maison VI – Nœud nord en maison XII	
Enjeu	Rencontrer le monde
Difficulté	Tendance à trop bien faire, très préoccupé par les contraintes et les détails de la vie quotidienne
Mon conseil	Se retrouver, s'occuper de soi et se réaliser pour soi et pour le collectif

Nœud sud en maison VII – Nœud nord en maison I	
Enjeu	Se faire confiance
Difficulté	Tendance à trop attendre des autres, déception qui vient des associations, de ses engagements à deux
Mon conseil	Gagner en autonomie

Nœud sud en maison VIII – Nœud nord en maison II	
Enjeu	S'incarner
Difficulté	Liaison très étroite aux histoires transgénérationnelles, au karma et au monde invisible
Mon conseil	Revenir dans la réalité concrète et réussir autant que possible par ses propres moyens en se réconciliant avec son corps, ses dons et ses talents

Nœud sud en maison IX – Nœud nord en maison III	
Enjeu	Communiquer son savoir
Difficulté	Détention d'un savoir qui peut se transformer en arrogance intellectuelle, en dogmatisme ou en idéalisme
Mon conseil	Revenir à des échanges simples qui se font avec le cœur ; privilégier la communication et le partage

Nœud sud en maison X – Nœud nord en maison IV	
Enjeu	Trouver sa stabilité intérieure
Difficulté	Trop grand attachement à la réussite socioprofessionnelle
Mon conseil	Renouer avec l'importance des racines et chercher en soi la réussite

Nœud sud en maison XI – Nœud nord en maison V	
Enjeu	Incarner l'amour de soi
Difficulté	Tendance excessive à vivre dans le monde des idées et besoin de reconnaissance à travers elles
Mon conseil	Revenir à sa créativité et à la concrétisation de ses projets, se revaloriser par soi-même

Nœud sud en maison XII – Nœud nord en maison VI	
Enjeu	Œuvrer concrètement et efficacement
Difficulté	Vie inconsciente très active, personnalité marquée par le monde du rêve et de l'inconscient collectif ; tendance à vivre en retrait du monde
Mon conseil	Se réconcilier avec le quotidien et privilégier une activité concrète

Remarque :

Mon expérience avec les nœuds lunaires ces dernières années semble montrer une tendance à trop se détacher de son nœud sud natal, créant un manque à combler dans ce domaine. Cela est à mon avis dû à de gros efforts déployés en vue d'une plus grande spiritualité, dans une quête de dépassement de l'être, qui est louable mais qui a tendance à chercher les réponses à l'extérieur de soi. Je l'analyse comme une incitation céleste à se réapproprier en confiance les qualités du nœud sud sans avoir à pâtir de ses excès et c'est en cohérence avec le transit d'Uranus en Taureau qui indique que l'esprit cherche à descendre dans la matière. Pendant des siècles, nous avons été en recherche de spiritualité, au point d'en avoir délaissé la Terre. Aujourd'hui, nous avons tendance à ne pas prendre en compte cette Terre. De façon très caricaturale, le nœud sud nous relie à la matière et le nœud nord à l'esprit. Et il est vraiment temps de réconcilier les deux !

Transits des nœuds lunaires en signes

Pour identifier les deux maisons transitées par les nœuds lunaires, celle par le nœud nord, celle par le nœud sud, là où se situe l'axe des nœuds lunaires actuellement dans le ciel, il suffit de regarder la position des nœuds superposée au ciel de naissance. Par exemple, si le nœud nord dans le ciel est à 10 degrés du signe des Gémeaux, il convient de comparer la maison de cette position dans son ciel de naissance.

Le tableau ci-après présente les transits des nœuds lunaires de 2021 à 2030[1]. Notez que, contrairement aux

1. Voir le tableau des maisons en annexe.

planètes, les nœuds lunaires ont la particularité de se déplacer dans le sens des aiguilles d'une montre.

TRANSITS DES NŒUDS LUNAIRES EN SIGNES (2021-2030)

Année	Degrés du signe transité
2021	19-1 Gémeaux
2022	1 Gémeaux – 11 Taureau
2023	11 Taureau – 21 Bélier
2024	21 Bélier – 0 Bélier
2025	0 Bélier – 10 Poissons
2026	10 Poissons – 21 Verseau
2027	21 Verseau – 2 Verseau
2028	2 Verseau – 13 Capricorne
2029	13 Capricorne – 25 Sagittaire
2030	25 Sagittaire – 7 Sagittaire

La maison transitée par le nœud sud (à l'opposé, donc à 10 degrés du signe du Sagittaire) mérite une attention particulière car ce secteur est fragilisé par les automatismes qui y ont été accumulés. L'idée est de ne pas déserter ce secteur, sans le surinvestir non plus, car ce n'est pas lui qui permet de progresser. La maison transitée par le nœud nord demande à être investie en conscience, car c'est à travers ce secteur d'expérience que l'on a le plus de chances de s'accomplir et que des nouvelles opportunités peuvent voir le jour. Les transits des nœuds sont d'autant plus forts qu'ils rencontrent des points du thème comme le Soleil, la Lune, des planètes ou les quatre angles (Ascendant, Descendant, Milieu du Ciel, Fond du Ciel), activant le point qu'ils rencontrent et la symbolique planétaire concernée ainsi que les nœuds lunaires du thème natal. Les moments des nouvelles lunes et des pleines lunes à proximité du retour des nœuds lunaires ou de l'inversion des nœuds lunaires sont générateurs d'une évolution spectaculaire potentielle ou encore d'un marasme psychique si la personne reste enfermée dans ses conditionnements karmiques dont elle ne parvient pas à se départir. Ce sont les éclipses.

Les transits des planètes sur les nœuds lunaires sont aussi vecteurs d'enjeu d'évolution réactivé, en fonction de la nature de la planète visiteuse.

Le cycle des nœuds lunaires est de 18 ans et demi environ, ce qui correspond à la durée nécessaire pour que les nœuds reviennent à leur position initiale – ils restent environ 2 ans et demi par signe. C'est un moment dit karmique où les clés de notre destinée nous sont à nouveau révélées avec un choix d'âme à effectuer. Tous les 9 ans, c'est l'inversion des nœuds : le nœud nord est alors sur le nœud sud et inversement. C'est un passage clé pour réaliser la synthèse des opposés et se réconcilier avec son histoire. Dans les deux cas, cela peut être un moment de basculement ou un rendez-vous avec sa propre destinée et l'Univers tout entier.

J'insiste sur le fait qu'il n'y pas d'injonction à se faire, et pas de culpabilité à avoir en cas d'impossibilité à évoluer à ce moment-là. C'est que l'âme n'est pas prête ou qu'elle a choisi qu'il en soit ainsi. Il est important d'avoir à l'esprit que tous les 9 ans nous avons la possibilité de régler ce qui ne l'a pas été 9 ans avant.

Nous n'avons pas toujours à l'esprit au moment T ce qui se joue au moment du transit.

Au moment du retour de mon nœud nord, en février 2012, je ne me rappelle plus ce qu'il se passait. Je sais juste que j'en étais à mes tous débuts en astrologie, dans une période de ma vie qui commençait à faire sens, sans me douter que ça allait devenir en plus d'une passion une vocation et qu'exactement neuf ans après je serais en train d'écrire ses lignes…

Mercure, Vénus et Mars : à travers leurs rétrogradations, des opportunités de retour à soi

> « Votre vision devient claire lorsque vous pouvez
> regarder dans votre cœur. Celui qui regarde
> à l'extérieur de soi ne fait que rêver ;
> celui qui regarde en soi se réveille. »
>
> *Carl Gustav Jung*

La rétrogradation est un phénomène astronomique dû aux cycles des planètes depuis le point de vue de la Terre. Toutes les planètes se déplacent à des vitesses différentes autour du Soleil. Lorsqu'on les observe depuis la Terre, elles semblent parfois avoir une trajectoire qui recule, mais il s'agit d'une illusion d'optique ; la même que dans un train : nous croyons que c'est le quai qui bouge alors que c'est nous qui avançons.

Les planètes dites lentes, à partir de Jupiter (Saturne, Uranus, Neptune, Pluton), rétrogradent la moitié du temps, un peu moins pour Jupiter, ce qui rend la rétrogradation de ces planètes aussi familière que leur marche directe. Les planètes dites rapides, Mercure, Vénus et Mars, rétrogradent de façon plus inhabituelle : ce mouvement est perturbant et fortement ressenti. Chaque planète correspondant à des fonctions psychiques particulières, le mouvement rétrograde va revisiter de l'intérieur la façon dont elle est intégrée et toutes les expressions qui en découlent. C'est un mouvement involutif, de l'extérieur vers l'intérieur. Avec les rétrogradations, il y a toujours une idée de retour vers le passé, d'introspection obligée, de prise de recul sur les événements, et de remise en ordre personnelle d'une fonction qui n'est plus opérationnelle dans sa relation au monde extérieur. Ce sont des passages qui ramènent à l'intériorité et appellent à un réalignement. Au cœur de chaque rétrogradation, la Terre, le Soleil et la planète concernée sont alignés au même degré exact du zodiaque.

Pour savoir si une planète rétrograde dans votre ciel de naissance, repérez les glyphes qui se trouvent autour de la roue du zodiaque et qui représentent les planètes. À côté sont indiqués deux chiffres, c'est leur position zodiacale en degrés et en minutes. Si un « R » y est inscrit, cela signifie que sa position est rétrograde.

Mercure et sa rétrogradation[1] : réévaluer son système de pensée

La rétrogradation de Mercure semble le sujet favori des adeptes d'astrologie sur les réseaux sociaux tant cette période est opérante dans les dysfonctionnements et prouve à elle-même que l'astrologie, ça marche ! Mieux vaut en rire…

Il est intéressant de noter que, ce phénomène étant récurrent – Mercure rétrograde trois semaines, trois fois par an, soit un peu plus d'un sixième du temps –, près d'un sixième de la population est né avec Mercure rétrograde. Mercure, maître du signe des Gémeaux et de la Vierge, est en relation avec la fonction psychique de la pensée et concerne le monde des idées et la façon dont elles s'expriment. C'est la planète de la communication par excellence : elle est reliée aux modes d'expression de

1. Voir le tableau récapitulatif des rétrogradations de Mercure en annexe.

la pensée et des transports, aux moyens par lesquels les personnes sont en relation. Elle symbolise aussi l'organisation, la gestion, et les systèmes en tant qu'outils de connexion à la réalité. Elle est associée à la symbolique d'Hermès, dieu grec du Commerce, des marchands, des mots et du langage – également voleur, magicien et artisan.

Mercure est sans conteste la planète de la transformation magique, elle a la faculté de passer d'un monde à l'autre, de l'inconscient au conscient, de l'invisible au visible, du masculin au féminin... et réciproquement. Androgyne par nature, elle crée des ponts, des liens et des passages secrets dans les méandres de la psyché. Mercure peut aussi être considérée comme le messager des dieux, surtout en position rétrograde. Dans le signe de notre ciel de naissance où Mercure se trouve, elle nous indique nos affinités intellectuelles, notre manière de nous exprimer et de nous relier à l'autre, nos centres d'intérêt, la perception de notre environnement. La maison de notre ciel de naissance nous ouvre à de nouvelles expériences : curieux, inventifs, adaptables et parfois versatiles et manipulateurs. Elle évoque un lieu de focalisation de nos sujets de réflexion et des préoccupations de notre mental.

Les natifs « Mercure rétrograde » ont une fonction mercurienne différente du courant le plus communément vécu, personnelle et particulièrement intériorisée, ce qui rend Mercure très puissante ; ils ont généralement une difficulté intrinsèque à s'exprimer de façon spontanée. La prédominance de leur mental peut bloquer l'accès à la connaissance en créant un contrôle excessif du mental. Cette différence profonde qu'ils ressentent peut les faire souffrir si elle est vécue comme un rejet et non comme une chance d'expression de leur singularité. Le défi est de réussir à convertir leur besoin d'acceptation en un plus grand détachement vis-à-vis de l'opinion d'autrui ; leur atout, une concentration et une grande capacité d'absorption qui leur confèrent des prédispositions pour développer une haute intelligence, au service de leur créativité et de leur spiritualité. Lorsque Mercure est en transit en position rétrograde, elle crée des perturbations en tous genres dans tous les systèmes de communication – relationnels, téléphoniques, informatiques. Les connexions sont alors difficiles, et des retards, des imprévus, des pannes, des annulations ou des incompréhensions sont beaucoup plus fréquents que d'habitude.

Par ailleurs, Mercure nous demande de regarder en arrière et de terminer ce qui doit l'être. Il est normal, pendant de telles périodes, de voir resurgir des dossiers non résolus qui demandent la plus grande attention. Il semble vain de chercher à continuer comme avant : la réponse est justement dans ce qui a été mis de côté par le passé. C'est un temps de retour à soi, facilité par les circonstances extérieures qui découragent d'aller de l'avant. Les retards et les contrariétés aident à calmer le jeu, le « je » aussi, et à chercher de nouvelles ressources pour dénouer ce qui doit l'être. C'est un moment privilégié de réévaluation pour se détacher du monde extérieur et remettre le mental au service de sa conscience en faisant émerger, au cœur de la rétrogradation, une nouvelle façon d'envisager le monde en puisant dans les profondeurs de l'être.

Si la rétrogradation de Mercure en transit est ressentie par tout le monde, elle peut être plus intense pour les mercuriens, c'est-à-dire pour ceux qui ont dans leur thème un Mercure en position saillante, à côté d'un angle, des nœuds lunaires, du Soleil ou de la Lune et/ou marqués par les signes des Gémeaux ou de la Vierge. Les domaines touchés ont toutes les chances de revenir « à la normale » à l'issue de la période de rétrogradation, optimisant une issue aux négociations en cours : signature d'un contrat, prise de décision, choix d'un voyage, etc. – sans les mauvaises surprises généralement associées aux passages rétrogrades.

Certaines personnes superstitieuses et férues d'astrologie redoutent tant ces périodes de rétrogradation qu'elles s'empêchent de vivre pleinement pendant celles-ci par crainte d'une mauvaise affaire, d'un déraillement de train ou encore de se fouler la cheville. Ce qui peut effectivement arriver plus souvent pendant ces périodes… Personnellement, cela n'affecte pas ma façon de vivre et j'ai pris le parti de mettre les planètes au service de mon évolution et non de m'assujettir à elles – ce qui n'a aucun sens et nous prive de tout libre arbitre. Ce qui prime, c'est de vivre ces passages en conscience, de savoir que les connexions sont plus aléatoires : il n'est pas question de se surexposer, mais pas non plus d'entrer dans une logique d'évitement. L'Univers nous nargue toujours à ce jeu-là !

La maison dans laquelle la rétrogradation a lieu est le secteur qui concentre sa problématique et sa résolution. Elle est plus marquante si elle a lieu sur le Soleil, sur la Lune ou sur un angle du thème[1], si la personne est marquée par le signe des Gémeaux ou de la Vierge et si Mercure est régent karmique du thème (nœud sud ou nœud nord en Gémeaux ou en Vierge).

1. Voir le tableau récapitulatif des rétrogradations de Mercure en annexe.

Vénus et sa rétrogradation[1] : réapprendre à aimer

Vénus, la planète de l'amour tant convoitée, semble régir tout l'Univers tant son cycle est parfait. C'est d'ailleurs l'étoile la plus brillante de toutes dont le mouvement autour du Soleil, sur une période de huit années, forme un pentagramme, une forme géométrique aux divines proportions. Ce dessin s'explique par la rencontre de Vénus avec le Soleil dans sa position rétrograde tous les 584 jours, ce que l'on appelle une « synodique » ; il faut cinq périodes synodiques, soit huit années terrestres, pour que la conjonction du Soleil et de Vénus ait lieu sensiblement au même degré du zodiaque. Ce sont ces cinq conjonctions inférieures reliées entre elles qui forment ce pentagramme.

Dès la plus haute Antiquité, les astronomes avaient remarqué que le rapport entre Vénus, la Terre et le Soleil était de 8/5, soit 1,6 : chiffre qui correspond au « nombre d'or » découvert scientifiquement par la célèbre suite de Fibonacci[2] au XIIIe siècle. Ce nombre d'or, ou « divine proportion », est un rapport entre deux grandeurs homogènes que l'on rencontre en mathématiques, mais aussi dans d'autres domaines comme l'architecture, la peinture – dont *La Naissance de Vénus* de Botticelli est l'illustration la plus éloquente par rapport au sujet qui nous intéresse –, et même dans les vestiges des civilisations anciennes, comme les pyramides, preuves que ces cultures étaient extrêmement connectées au ciel.

---

1. Voir le tableau récapitulatif des rétrogradations de Vénus en annexe.
2. En mathématiques, c'est une suite d'entiers dans laquelle chaque terme est la somme des deux termes qui le précèdent.

Vénus effectue sa rétrogradation tous les 18 mois, à raison de 42 jours environ, elle rétrograde un douzième du temps, un douzième de la population environ est donc né avec un Vénus rétrograde. Vénus est la planète de l'amour, du beau et de l'harmonie, reliée aux signes de la Balance et du Taureau, avec une approche plus cérébrale pour la Balance, signe d'Air, et plus sensorielle pour le Taureau, signe de Terre. Elle porte en elle le principe d'attraction, et notre magnétisme personnel, relié à l'Éros et à ce qui nous rend beaux, désirables et aimables. Elle est associée à Aphrodite, la déesse de la Beauté et de l'Amour, à qui personne ne peut résister. Mais c'est trop réduire Vénus ; porteuse du nombre d'or, elle est reliée à la Source, représentante de l'énergie du divin sur Terre et, au cœur de l'énergie de l'Univers, celle de l'amour. D'ailleurs, Neptune, la planète de l'amour inconditionnel, est considérée comme l'octave supérieure de Vénus, c'est-à-dire sa fréquence vibratoire élevée au niveau du divin.

Vénus nous parle de ce que l'on aime et de ce que la vie nous renvoie de nous-mêmes en miroir, à travers nos relations, nos plaisirs et nos biens. C'est l'amour dans toutes ses déclinaisons, qui commence par l'amour et l'estime de soi, et la valeur que l'on s'accorde. Dans le signe de naissance, Vénus donne des indications sur les qualités que l'on admire et qui nous paraissent précieuses, et les talents en rapport avec ce signe. Elle évoque aussi l'image de ce qui nous séduit chez les autres, notre attitude envers l'amour et la façon dont on le fait grandir. C'est le signe par lequel on exprime l'amour et qui nous rend aimants, estimables, attirants. La maison de Vénus est le domaine où nous sommes en quête d'amour, d'harmonie, de bien-être. C'est un secteur qui nous permet d'attirer ce que l'on valorise, avec l'effet de fascination que l'on produit.

Vénus en position rétrograde dans le thème de naissance indique une très forte concentration de sa symbolique, ce qui crée de nombreuses attentes et insatisfactions lorsque Vénus est appréhendée comme extérieure à soi. Elle crée souvent le sentiment inverse de ce qu'elle est : désamour, mauvaise estime de soi et insatisfaction. Vénus rétrograde dans le ciel de naissance demande, à travers les blocages rencontrés, de revisiter l'amour dans les profondeurs de son être et d'incarner Vénus plus que quiconque, en ayant une interprétation personnelle de ce qu'elle représente. L'amour est si fort intérieurement qu'elle peut générer des dons et des talents artistiques, et une capacité à vivre l'amour et la sphère relationnelle dans une approche différente de la « norme ».

L'idée générale, avec Vénus rétrograde, est de générer ce que l'on souhaite rencontrer et de prendre conscience que l'on porte en soi l'énergie de l'amour que l'on recherche à l'extérieur. Tant que cette prise de conscience n'aura pas lieu, l'extérieur sera le miroir des blessures affectives qui restent à reconnaître et à guérir en leur apportant toute l'attention qu'elles réclament. La rétrogradation de Vénus en transit est ressentie par tout le monde, peut-être plus intensément pour les vénusiens, c'est-à-dire par ceux qui ont dans leur thème une Vénus en position saillante, à côté d'un angle, à côté des nœuds lunaires, à côté du Soleil ou de la Lune et/ou marqué par les signes de la Balance et du Taureau. La rétrogradation marque toujours un temps d'intériorisation en relation avec la planète, avec une concentration de son énergie à l'intérieur de soi et le défi de se la réattribuer au service de son rayonnement.

Lorsque Vénus rétrograde, on tourne le dos aux valeurs sociales pour découvrir ce qui donne réellement du sens à notre vie, notamment dans le domaine des relations, des acquisitions et de l'apparence. Elle réduit la force d'attraction dans ses interactions avec le monde extérieur pour la placer à l'intérieur de soi. Il est alors conseillé de ne pas prendre de nouvelles initiatives dans les domaines concernés par Vénus (acquérir une nouvelle maison, s'engager dans une relation ou changer de coiffure), jusqu'à ce que Vénus retrouve sa position directe.

Ce passage permet de réajuster ses valeurs, pour réaligner le corps, le cœur et la conscience. Vénus rétrograde est souvent synonyme de remise en question profonde des aspects relationnels et financiers avec de nouvelles envies qui se font jour, en rapport avec Vénus, notamment celle d'être une personne aimée et désirable. L'enjeu est alors de se donner ce que l'on attend, en retrouvant les motivations personnelles de ses ardeurs vénusiennes. Difficile de tricher avec le monde des apparences pendant ces périodes qui auront tendance à ne pas nous réussir : les nouvelles coupes de cheveux sont souvent ratées, les achats s'avèrent décevants… quoi que l'on fasse, on a du mal à se trouver attirant et ce ne sont pas les subterfuges qui peuvent y faire quoi que ce soit.

La force est à puiser dans la qualité de ses ressentis, qui ne peuvent pas mentir en ces périodes de retrouvailles avec soi-même. En revanche, la période est propice pour se reconnecter à un souvenir affectif que l'on croyait perdu pour toujours, un talent oublié, une activité artistique qui n'attendait que nous. Les fleurs n'ont jamais été aussi belles et parfumées, le lien avec la nature est renforcé et, finalement, tout respire davantage l'amour.

Vénus se réfère à tout notre système de valorisation et peut, lors de ses transits, mettre à l'ordre du jour des problématiques liées aux valeurs. Vénus rétrograde évalue ce que l'on a accumulé et détermine si cela a toujours autant d'intérêt.

En 2017, une rétrogradation de Vénus eut lieu entre le 4 mars et le 15 avril, en pleine campagne présidentielle. Elle a fait éclater au grand jour l'emploi de Pénélope Fillon et révélé l'affaire des costumes, qui furent fatals au candidat Fillon, qui s'était positionné dès le départ sur le terrain des valeurs. Vénus rétrograde a aussi cette fonction, comme pour toutes les rétrogradations, de faire ressurgir les dossiers du passé non résolus, affectifs ou financiers, car Vénus évoque notre système de gratification à travers la valeur que l'on s'accorde. Les personnalités publiques sont souvent dans un jeu plus ou moins conscient les acteurs de ce qui se joue plus haut.

La maison dans laquelle la rétrogradation a lieu est le secteur qui va concentrer sa problématique et sa résolution. Elle est plus marquante si elle a lieu sur le Soleil, sur la Lune ou sur un angle du thème[1], si la personne est marquée par le signe de la Balance et du Taureau ou si Vénus est régent karmique du thème (nœud sud ou nœud nord en Taureau ou en Balance).

1. Voir le tableau récapitulatif des rétrogradations de Vénus en annexe.

Mars et sa rétrogradation[1] : repositionner sa force d'affirmation

Mars est la planète de l'action, en relation avec le pôle masculin de l'être, le bras armé du Soleil sans lequel il ne pourrait rayonner. Elle symbolise l'élan vital, la force de vie pour aller de l'avant, la première étant celle qu'il nous a fallu pour sortir du ventre de notre mère. Elle régit deux signes : le Bélier, qui agit sur un mode proactif et cherche à s'affirmer et à incarner son leadership, et le Scorpion, qui agit en mode souterrain, stratège délimitant en secret son territoire, prêt à le défendre à la moindre menace.

Mars évoque donc l'affirmation de l'être et de ses moyens d'action. En relation avec le dieu de la Guerre, c'est une planète armée ; elle peut s'avérer dangereuse et destructrice car c'est une planète d'instinct qui rejoint Pluton dans les forces du « ça » et ne supporte pas que la colère soit refoulée trop longtemps. Le cas échéant, dans les pathologies extrêmes, elle peut agir sans réflexion et s'affirmer avec force, jusqu'à tuer sans discernement. La variable d'ajustement est une affirmation de soi non entravée, des activités, notamment professionnelles, créatives ou sportives, qui permettent de déployer la puissance martienne de l'action et du désir conjugués. Mars est aussi une planète de passion, l'*alter ego* de Vénus, l'amour, qui donne la force érotique à la relation. Vue sous cet angle, elle est aussi une planète d'amour : comme Vénus, elle a besoin de parvenir à l'Harmonie, fille née de leur union.

1. Voir le tableau récapitulatif des rétrogradations de Mars en annexe.

Dans le signe de naissance, Mars donne des indications sur la manière de nous affirmer et de déployer notre volonté, elle révèle aussi les ressources et les moyens utilisés pour exprimer son pouvoir individuel ; elle évoque également l'énergie sexuelle. Cette planète masculine en relation avec notre pôle masculin nous parle aussi de la façon dont on vit cette force d'affirmation à l'intérieur de soi ou dans nos relations par le phénomène des projections.

La maison de Mars est le domaine où nous nous affirmons le plus – où nous avons intérêt à le faire –, où nous déployons notre volonté, notre force et notre pouvoir d'action, là où nous avons besoin de décider. Dans le cas contraire, Mars peut être « projetée » à l'extérieur de soi – par exemple sur le conjoint s'il est en maison VII, ou sur son supérieur hiérarchique s'il est en maison X –, ce qui crée des rapports de force et le sentiment d'être dominé ; ces situations nous invitent à renouer avec une agressivité positive dans le domaine concerné, dont on peut avoir peur. Une perception négative de Mars nous fait croire que si l'on s'affirme, cela va générer du conflit : cette croyance limitante est typique du signe de la Balance. Mais c'est justement si nous n'agissons pas et renonçons à notre pouvoir que se créent les tensions tant redoutées. Mars en maison nous indique aussi l'endroit où nous pouvons concentrer une peur archaïque de l'agression jusqu'à l'attirer à soi inconsciemment. Dans ce cas, elle est souvent en lien avec des mémoires transgénérationnelles et karmiques, surtout si Mars est conjointe au nœud sud, ou en maisons VIII et XII.

Par ailleurs, et pour revenir à une application plus concrète de Mars dans notre vie, n'oublions pas que notre inconscient, dans le monde invisible, est capté par l'autre : personne n'est dupe de celui qui donne le change en se montrant le plus aimable et courtois possible alors qu'au fond de lui réside un volcan en ébullition. Bien sûr, certaines personnes utilisent trop ou mal leur Mars. C'est souvent le cas d'un Bélier très valorisé, d'un Mars dans un signe fort comme le Bélier, du Scorpion ou du Capricorne où elle est exaltée, surtout si elle forme des aspects dissonants avec Pluton. La conscience solaire est alors encore plus sollicitée pour éclairer de façon juste l'action déployée. Le rôle de Saturne est aussi important pour permettre de canaliser l'action et de la rediriger dans un sens plus raisonné. Ce qui prime, c'est que Mars soit vécue au service d'une conscience supérieure.

Le livre *Mars* de Fritz Zorn[1] met en évidence le drame de ne pouvoir être soi à travers son expression personnelle. Dans ce roman autobiographique, un jeune homme d'une vingtaine d'années est atteint d'un cancer de la gorge, et tente d'en expliquer les causes à travers son éducation dans une famille suisse-allemande pleine de principes au sein de laquelle il n'est pas question d'entrer en conflit ni de s'opposer. Ce qui est intéressant ici n'est pas le procès d'une famille mais l'analyse personnelle d'un homme qui a eu le sentiment d'être privé de son affirmation personnelle et qui a choisi d'intituler son livre du nom de la planète qui en est le plus grand symbole ! Cet exemple montre aussi à quel point la planète rouge peut être autodestructrice lorsque notre force de vie ne parvient pas à s'exprimer.

Le cycle de Mars est de 2 ans, la durée qui lui est nécessaire pour faire le tour du Soleil, sachant qu'elle

1. Paris, Gallimard, 1982.

rétrograde de 2 mois tous les 2 ans environ. Un douzième de la population est donc statistiquement né avec un Mars rétrograde. Mais le phénomène se fait ressentir pendant 6 mois, le temps de parcourir le secteur du zodiaque concerné ; c'est ce que l'on appelle la boucle de rétrogradation[1]. Ainsi, Mars est devenue rétrograde le 9 septembre 2020 à 28 degrés du Bélier et redevenue directe le 14 novembre 2020 à 15 degrés du Bélier. Or, la planète se situait à 15 degrés du Bélier le 25 juillet 2020 et a retrouvé le 28ᵉ degré du Bélier le 2 janvier 2021 : l'élection américaine illustre combien un transit astrologique peut être corrélé à la destinée de l'humanité.

Avec Mars rétrograde, il est toujours question de violence accrue, d'une colère qui refait surface, à l'image de la planète rouge qui se rapproche de la Terre et l'embrase. Le terrain est particulièrement inflammable, davantage encore si la rétrogradation a lieu dans un signe de Feu, comme le Bélier, le Lion ou le Sagittaire, réactivant la colère du collectif comme celle qui est en chacun d'entre nous. La rétrogradation de Mars évoque le mécanisme d'une énergie bloquée qui ne peut s'exprimer directement vis-à-vis du monde extérieur, sauf à émerger d'une façon particulièrement archaïque et destructrice. Ce feu bloqué incite à le transformer de l'intérieur et à le ramener à la conscience pour le rediriger.

Si un mot devait résumer les rétrogradations de Mars, ce serait le repositionnement, celui qui nécessite

1. Phénomène valable pour toutes les rétrogradations sur des durées variables : plus la planète est rapide, plus la boucle de rétrogradation l'est aussi.

une réflexion stratégique pour retrouver l'élan vital et son leadership, son rayonnement aussi, dans la mesure où Mars est symboliquement le bras armé du Soleil, le chevalier du roi. Alors que cette période peut donner l'impression d'une mise à l'arrêt, causant plus de maladies et d'accidents que d'habitude, elle peut aussi être perçue comme le passage nécessaire pour recontacter la voie du cœur, qui demande calme et courage, et retrouver le désir non négociable de l'être : « Mon seul désir », comme une devise ressentie au plus profond de soi, que « L'action pour l'action » entrave.

Tout l'enjeu de ces périodes de rétrogradation de Mars est de ne pas demeurer sous l'influence de ces mouvements de colère et de conflits ambiants, et de prendre le temps de la réflexion pour se repositionner et réhabiliter Mars dans sa version positive d'affirmation de soi et de créativité : c'est ce qui a toutes les chances d'arriver une fois que la planète revient en position directe.

Les personnes nées avec un Mars rétrograde connaissent plus que les autres ces enjeux de positionnement, ce sentiment d'impuissance marqué, proportionnel à leur propre pouvoir. Pour que Mars puisse s'extérioriser, il est nécessaire qu'un mouvement intérieur se fasse afin de personnaliser l'approche et la signification traditionnelle du pouvoir masculin, et de se l'approprier. Les natifs « Mars rétrograde » ont une perception accrue des enjeux martiens, notamment à travers les abus de pouvoir, la violence, les agressions en tout genre et l'injustice qui peuvent les pousser à réprimer l'expression saine de leur agressivité. Ils doivent accepter ce pouvoir fort qui demande à se manifester par une approche personnalisée de la symbolique, consistant à passer du pouvoir destructeur (subi) à la puissance constructive (décidée). Leur potentiel est de devenir des ambassadeurs de la paix, des enseignants de yoga, des grands créateurs, voire des figures spirituelles, ou encore des dirigeants de pays, à l'instar d'Emmanuel Macron et d'Angela Merkel.

Avec son mouvement La République en Marche, Emmanuel Macron est particulièrement significatif de Mars rétrograde : dans sa version brute, justement, « ça ne marche pas » ! La création d'En marche, le 6 avril 2016, et sa démission du poste de ministre de l'Économie, le 30 août 2016, ont encadré la rétrogradation de Mars de cette année qui avait lieu dans les signes du Sagittaire, celui du Soleil d'Emmanuel Macron, et du Scorpion entre le 17 avril et le 20 juin. En ce printemps 2016, la France semblait paralysée entre les grèves et les manifestations ; la colère était palpable, la météo particulièrement déprimante, la popularité de l'exécutif au plus bas avec l'impression générale que la France n'était plus dirigée… Mars rétrograde poussa l'illustration de sa force jusqu'à créer une pénurie d'essence. En apparence, rien n'avançait, mais dans l'invisible, Mars rétrograde créa des changements de destinée grâce à une reprise personnelle de son pouvoir.

Mars rétrograde est une injonction à déposer les armes, pénalisant fortement ceux qui passeraient outre, afin de retrouver en soi, grâce à un temps de pause imposé, l'élan vital et la passion de la vie. Ce qui passe par une réappropriation en conscience de son pôle masculin. La maison dans laquelle la rétrogradation a lieu est le secteur qui va concentrer sa problématique et sa résolution. Elle est plus marquante si elle a lieu sur le Soleil, sur la Lune ou sur un angle du thème[1], si la personne est marquée par le signe du Bélier ou du Scorpion et si Mars est régent karmique du thème (nœud sud ou nœud nord en Bélier ou en Scorpion).

Pour les autres planètes, le phénomène est moins flagrant en termes de ressenti événementiel puisque, au-delà de Mars, elles rétrogradent environ la moitié du temps. Néanmoins, leurs changements de station, directs ou stationnaires, sont souvent corrélés à des événements significatifs. La règle est toujours la même : pendant la rétrogradation, un travail intérieur de réalignement se fait en relation avec la symbolique de la planète. Les rétrogradations, par leur nature transformante, permettent de travailler en profondeur les remises en question nécessaires à notre évolution. Elles ont une grande importance sur le plan collectif, mettant en évidence des problématiques de fond. Quand la planète revient en position directe, une étape importante est franchie, la symbolique de la planète peut se manifester davantage dans nos vies. Ce n'est plus le temps de la réflexion mais de l'action et de son interaction avec le monde extérieur qui devient beaucoup plus évidente. C'est le moment de bénéficier du travail de fond opéré et d'espérer en récolter les fruits. Le transit est beaucoup plus opérant si la planète rétrograde sur un point du thème plutôt que si elle passe directement. À titre d'exemple, Jupiter ne rétrograde que sur une dizaine de degrés par signe lors de son passage dans un signe qui dure environ un an.

1. Voir le tableau récapitulatif des rétrogradations de Mars en annexe.

Avec Jupiter, tout est possible

Avec Jupiter, tout est possible

« Ils ne savaient pas que c'était impossible,
alors ils l'ont fait. »

Mark Twain

Du point de vue astronomique, Jupiter est la plus grande planète visible dans le ciel et sa masse est deux fois et demie celle de toutes les autres planètes réunies. En astrologie, c'est la planète qui redonne vie aux rêves avortés par le principe de réalité exacerbé de Saturne. Elle est symbole d'avenir et d'espérance.

On a tendance à diaboliser Saturne et à encenser Jupiter, mais ça n'a aucun sens ; toutes deux ont leurs raisons d'être. L'éternelle histoire du verre à moitié vide, racontée par Saturne, et du verre à moitié plein, racontée par Jupiter, correspond simplement à deux visions de la vie : l'une est réaliste et pessimiste, l'autre, utopiste et optimiste. Tout est question de tempérament, et la vie est ainsi faite que si nous avons un tempérament plutôt saturnien ou jupitérien, nous vivrons des périodes de vie saturniennes et jupitériennes en alternance. Saturne a la fonction de restreindre pour verticaliser et de nous aligner à notre vérité supérieure, Jupiter, celle d'amplifier pour croître.

Il est vrai, toutefois, que l'on espère la visite de Jupiter plutôt que celle de Saturne – parfois à tort. Jupiter est assimilée à Zeus, le dieu des dieux, et c'est cette part de nous qui est en confiance absolue. Mélange de foi, de joie et de chance, cette confiance vient de la connaissance innée de sa connexion à l'Univers qui la rend toute-puissante dans les dynamiques qu'elle initie.

Planète de tous les possibles et de tous les excès

Jupiter, dans sa version positive, est synonyme de croissance, de réussite et de prospérité. C'est la planète des Sagittaires, signe par excellence de la foi dans l'infini des possibles. Mais s'il est vrai que Jupiter véhicule de la chance, c'est avant tout parce qu'on croit en sa chance.

Jupiter évoque ce qui, dans notre système de croyances, nous permet de prendre notre place dans la société et dans le monde, notre légitimité à être et à rayonner. C'est une planète d'intégration sociale qui ne cherche pas, comme Uranus que l'on découvrira par la suite, à renverser le système établi, mais au contraire à y trouver une reconnaissance. Sur un plan spirituel, elle est relative à notre foi et à nos dogmes. C'est une planète de transcendance qui cherche à rejoindre le ciel, telle l'image du Sagittaire qui le vise avec son arc. Dans sa meilleure version, c'est un père spirituel, dans la pire, un gourou abusif. Au niveau de notre système intérieur, elle incarne nos croyances, le socle de notre connexion au ciel et la manifestation de notre plus grand potentiel. Jupiter a cette fonction d'aller au-delà des limites du connu, celles du mental et de nous donner cette force motrice de projection vers l'extérieur avec confiance et charisme.

C'est aussi une planète relationnelle qui favorise un réseau conséquent et le sens de la politique. Elle peut aussi mener au succès et à l'idéalisation.

Les jupitériens, c'est-à-dire ceux qui ont Jupiter valorisée[1], ne sont pas des exécutants, ils sont trop charismatiques, paternalistes et excessifs pour cela. Leur écueil est d'être « dans le trop » : trop en dire, trop en faire, trop manger, trop occuper l'espace jusqu'à devenir envahissants – voire mégalomanes, dans une forme pathologique.

Jupiter peut aussi être reliée à la *persona*, au masque social que l'on revêt pour conquérir l'approbation du monde extérieur : si ce n'est pas mauvais en soi, cela peut exagérer le faux-self au détriment de la vraie expérience intérieure. Jupiter est la planète de tous les excès.

La position privilégiée de Jupiter dans le ciel natal se trouve en Sagittaire et en Poissons ; exaltée dans le signe du Cancer, elle bénéficie d'une protection accrue, liée à la conscience d'être protégée par la matrice. Son cycle est de 12 ans, et elle reste environ un an dans un signe. 12 comme les signes du zodiaque, les maisons astrologiques et ses 12 satellites ! Ainsi, 12, 24, 36, 48, 60, 72, 84 et 96 ans sont des âges jupitériens, 84 ans étant l'âge sacré de Jupiter, soit sept cycles de Jupiter qui coïncident avec le retour d'Uranus. La première année de ce cycle de 12 ans est en analogie avec le signe du Bélier, correspondant à une nouvelle dynamique de vie ; son apogée se situant la sixième année à partir de laquelle l'énergie de Jupiter sera davantage mise au profit du collectif que de soi-même. Il est connu que les dernières années du cycle de Jupiter sont moins porteuses. La dynamique reprend au moment du retour de Jupiter sur sa position initiale.

---

1. Jupiter est valorisée dans le ciel de naissance si elle se trouve en conjonction d'un luminaire, des nœuds lunaires ou du maître d'Ascendant, ou à côté d'un angle ou en carré d'une opposition (appelé apex).

Le transit aura bien sûr une importance particulière si Jupiter céleste rencontre dans le ciel de naissance un angle, le Soleil, la Lune ou une autre planète qu'elle gonflera de sa puissance. Très souvent, cela correspond à la gestation d'un nouveau projet qui a toutes les chances de réussir ; cela s'applique très bien aux désirs de grossesse, à moins que Jupiter ne forme des aspects trop conflictuels avec d'autres planètes du ciel ou du thème natal.

Saturne canalise l'expansion jupitérienne

Contrairement à Saturne qui confronte au principe de réalité, Jupiter véhicule la foi et la confiance en lien avec une fonction inflationniste qui a tendance à amplifier ce qui est. L'effet peut s'avérer catastrophique lorsque les desseins poursuivis sont essentiellement nourris par un délire de l'ego : les planètes ne connaissent pas la distinction entre le bien et le mal, et la fonction expansionniste de Jupiter amplifie le bien comme le mal. Mais Saturne ne manquera pas de la rappeler à l'ordre, car l'expansion jupitérienne ne peut se faire qu'à l'intérieur de ses limites. Sans elle, gare à l'inflation incontrôlable et destructrice (surproduction, surconsommation, gaspillage, propagation de *fake news* et de vrais virus). C'est pourquoi Jupiter et Saturne fonctionnent ensemble ; il est fondamental de comprendre que c'est Saturne qui donne les bases de l'expansion jupitérienne : en faire l'économie peut s'avérer une folie.

On peut les assimiler à nos deux conseillères intérieures : Saturne structure, verticalise et tranche, elle nous fait contacter notre véritable identité ; Jupiter donne confiance, assure notre expansion et met en joie, elle nous invite à prendre notre place au sein du monde. Ces deux planètes forment une conjonction tous les 20 ans, alors au même degré du zodiaque, elles symbolisent une nouvelle organisation en place dans le signe où elles se trouvent : c'est l'alliance de l'ordre et de la croissance. La conjonction Saturne/Jupiter en Verseau le 21 décembre 2020, jour du solstice d'hiver, marque le début d'un nouveau cycle en relation avec leurs symboliques conjuguées : c'est la configuration idéale pour reconstruire le monde sur de nouvelles fondations assainies de composantes devenues obsolètes.

Jupiter en signes et en maisons

Le signe de votre Jupiter natale[1] est développé par sa présence, tant au niveau des qualités que des défauts. La présence de Jupiter suscite une potentielle mission de vie en relation avec ce signe, une prédisposition naturelle à se développer et à être légitime. Mais c'est aussi ce signe qui peut mettre en évidence l'inflation de l'ego. La maison de votre Jupiter natale est un secteur qui aspire à la croissance ou à la transcendance sur un plan spirituel, cherchant à aller au-delà des limites du mental et à trouver une voie d'accomplissement.

En signes[2]

Le principe est que Jupiter va aider à exprimer les qualités les plus nobles du signe où il se trouve.

1. Identifiez où se trouve Jupiter dans votre ciel de naissance, en signes et en maisons, en vous reportant au tableau en annexe.
2. Voir le tableau récapitulatif du détail de Jupiter en signes en annexe.

Signe	Signification
Bélier	A le tempérament d'un leader, agit de façon très affirmée. Se révèle dans de nouvelles expériences et opportunités. Tendance à prendre trop de risques et à être trop ambitieux et agressif. Sa réussite dépend de sa capacité à canaliser sa formidable énergie.
Taureau	Est très attaché au monde matériel, à la nature et aux plaisirs simples de la vie. Est particulièrement ancré, sensoriel et productif. Tendance à être trop matérialiste et résistant au changement. Sa réussite dépend de sa capacité à comprendre que l'abondance est liée à la spiritualité.
Gémeaux	La curiosité intellectuelle et les talents de communication sont marqués. La personnalité est vive et rapide. Tendance à être trop dispersé et nerveux. Sa réussite dépend de son alignement intérieur et d'une joie de vivre sincère.
Cancer	Sans doute la meilleure position de Jupiter. Apporte une grande protection, liée au sentiment de protection familiale qui lui donne une générosité naturelle. Tendance à être trop enfant gâté et renfermé. Sa réussite dépend de son empathie et de sa capacité à prendre soin des autres.
Lion	Le désir de réussite et de reconnaissance est exacerbé. Le sens de l'esthétisme et la théâtralité sont développés. Tendance à se montrer trop orgueilleux et prétentieux. Sa réussite dépend de sa capacité à entreprendre des activités créatrices le cœur ouvert pour les autres.
Vierge	Le besoin d'ordre et de perfection est très prononcé, avec un grand sens du service. Sens analytique très développé. Tendance à se montrer trop scrupuleux et perfectionniste. Sa réussite dépend de sa capacité à tirer partie de son expertise acquise.
Balance	Le besoin relationnel est particulièrement fort et la personnalité est marquée par son altruisme, sa diplomatie et son sens esthétique. Tendance à se montrer trop indécis et dans l'incapacité de trancher. Sa réussite dépend de son équilibre intérieur et de son état d'harmonie avec autrui.

Scorpion	Fascination pour le monde invisible et la transgression. Grande force de transformation et intensité de tous les instants. Tendance à se montrer trop complexe et angoissé. Sa réussite dépend de la confiance intérieure générée par la puissance de transformation.
Sagittaire	La foi dans la vie et la confiance dans un plan supérieur est fondamentale. A souvent un lien avec la spiritualité prononcé. Tendance à se montrer dogmatique et peu pragmatique. Sa réussite dépend de sa capacité d'exploration intérieure.
Capricorne	Position difficile pour Jupiter qui est confronté au principe de réalité. Grand sens du travail et des responsabilités. Tendance au pessimisme et à un excès de prudence. Sa réussite dépend de son sérieux et de sa patience.
Verseau	L'idéal collectif et humanitaire est très élevé. Vrai désir de changer le monde avec des idées innovantes. Tendance à la marginalité et à l'anti-conformisme excessif. Sa réussite dépend de ses convictions et de sa capacité d'engagement.
Poissons	Une très belle position pour Jupiter qui apporte la foi dans le divin. Apporte empathie, intuition et compassion. Tendance à l'oubli de soi et à la fuite dans l'ailleurs. Sa réussite dépend de sa capacité à faire frutifier son hypersensibilité.

Le cadeau de Jupiter en maisons :
Maison I : la confiance en soi, la force vitale, l'esprit entrepreunarial
Maison II : abondance, sécurité matérielle, aptitude à concrétiser
Maison III : curiosité intellectuelle, facilités d'apprentissage, facilités dans l'expression écrite et orale
Maison IV : sécurité intérieure, générosité d'esprit, loyauté vis-à-vis de sa famille et de son pays
Maison V : amour de soi et des enfants, créativité, optimisme

Maison VI : force de travail, bonne humeur, sens du service
Maison VII : aptitude relationnelle, importance des idées à faire valoir, possible notoriété
Maison VIII : connexion au sacré, protection céleste, associations fructueuses
Maison IX : idéal élevé, sens des valeurs, aptitude à incarner l'autorité
Maison X : ambition, sens de l'engagement, réussite
Maison XI : facilités relationnelles, idées novatrices, pouvoir fédérateur
Maison XII : vie spirituelle intense, imagination fertile, vocation au service d'une cause

Jupiter en transit

L'analyse de Jupiter en transit s'effectue en deux temps. Dans un premier temps, il s'agit d'identifier l'année de son propre cycle par rapport à Jupiter natale. Le cycle de Jupiter commence quand Jupiter céleste se superpose à votre Jupiter de naissance[1]. Si Jupiter se trouve par exemple dans votre ciel de naissance en Taureau, l'année 1 du cycle de Jupiter commence quand Jupiter en transit se trouve également dans le signe du Taureau. Si dans le ciel, Jupiter se trouve dans le signe du Verseau, c'est l'année 10 de son cycle (neuf signes plus loin).

Reportez-vous au tableau suivant pour vous faire une idée de ce que Jupiter insuffle dans cette phase du cycle.

1. Identifiez le signe où se trouve votre Jupiter natale dans votre signe de naissance avant de repérer l'année où Jupiter céleste sera dans ce signe en vous reportant au tableau en annexe.

Cycle de Jupiter		
Année 1 Retour de Jupiter	En analogie avec le signe du Bélier	Action. Démarrage d'un nouveau cycle d'expansion personnelle. Année très porteuse.
Année 2	En analogie avec le signe du Taureau	Concrétisation
Année 3	En analogie avec le signe des Gémeaux	Communication
Année 4	En analogie avec le signe du Cancer	Création
Année 5	En analogie avec le signe du Lion	Expression
Année 6	En analogie avec le signe de la Vierge	Perfectionnement
Année 7	En analogie avec le signe de la Balance	Relation. Point culminant du cycle. Les années qui suivent sont plus tournées vers l'expansion au service du collectif.
Année 8	En analogie avec le signe du Scorpion	Transformation
Année 9	En analogie avec le signe du Sagittaire	Élévation
Année 10	En analogie avec le signe du Capricorne	Ambition socioprofessionnelle
Année 11	En analogie avec le signe du Verseau	Idéal sociétal
Année 12	En analogie avec le signe des Poissons	Lâcher-prise

Dans un deuxième temps, comme pour les autres planètes, reportez-vous au tableau du transit de Jupiter (en annexe) pour identifier la maison du ciel de naissance visitée. Dans les maisons qu'elle transite, elle va apporter une expansion potentielle, la plupart du temps vécue positivement. L'idée est d'incarner notre maître intérieur jupitérien dans le secteur visité.

Le signe de Jupiter céleste sera valorisé pendant toute l'année de son passage, augmentant ses caractéristiques, tant sur le plan collectif qu'individuel. Le transit de Jupiter sur une planète, le Soleil et la Lune, va amplifier leur symbolique. Il est particulièrement opérant si Jupiter rétrograde dessus, or elle ne rétrograde que d'une dizaine de degrés par signe. Dans le cas contraire, elle passera en mode direct, ce qui n'est pas anodin mais beaucoup plus rapide et sans doute moins marquant. Dans ce cas, il faut se reporter aux éphémérides pour connaître la position exacte de Jupiter et les moments précis où elle se superpose sur un point donné du thème.

Si Jupiter forme des aspects harmoniques (conjonctions, trigones, sextiles) avec des points du thème, son transit a toutes les chances d'être bénéfique. Ses aspects dissonants (carrés, oppositions) peuvent nous mettre en garde contre un projet trop ambitieux.

TÉMOIGNAGE

Une grossesse tant espérée

Lorsque j'ai rencontré Marion, elle désespérait de tomber enceinte, après plusieurs expériences douloureuses de fausse couche et d'échec de fécondation *in vitro*. Son thème révélait un excès de cérébralité (beaucoup d'Air par le Soleil en Gémeaux et l'Ascendant Balance), beaucoup de contrôle (un Saturne fort à l'Ascendant) et un manque d'Eau : les trois causes principales astrologiques d'une problématique d'infertilité – excepté les karmas non résolus liés à la maternité.

Marion était dans une période de vie propice à la transformation par un transit de Pluton carré à la Lune, l'un de ces transits qui annoncent une transformation du pôle féminin potentiellement en rapport avec la maternité, mais qui n'est pas toujours très bien appréhendée dans une sorte d'automatisme à entrevoir, dans les aspects dissonants, de la négativité. Tout dépend du niveau de conscience et de la capacité d'un individu à transformer le pouvoir négatif de l'inconscient en puissance créatrice de vie. Dans le cas de Marion, son nœud nord en Cancer au Milieu du Ciel montrait clairement que devenir mère était une grande source d'accomplissement et que cela faisait partie de son dharma, qui est toujours aidé par l'Univers lorsque l'on fait des efforts dans sa direction. Grâce au passage de Jupiter sur son Ascendant, formant des aspects, et à la Lune au Descendant, à son Mercure et son Soleil en Gémeaux et passant sur son Saturne natal, elle allait se remplir de la confiance et de l'expansion qui lui manquaient jusqu'alors.

Après la séance, j'étais si confiante pour elle que je lui ai même écrit qu'elle avait toutes les chances de tomber enceinte en novembre 2016. Son petit Victor, né en août 2017, a été conçu naturellement.

Saturne ou comment transformer le censeur en maître intérieur

« Je ne connais la vérité que lorsqu'elle vit en moi. »

Sören Kierkegaard

Saturne, plus lointaine planète visible à l'œil nu, représente le monde tangible, incarné ; l'homme a naturellement tendance à considérer que sa vie ne continue pas au-delà de cette limite. Maître du temps et de la matière, Saturne symbolise le principe de réalité et confronte l'homme à sa condition humaine et à ses limitations. Pour autant, c'est elle qui va aider l'homme à grandir, à se structurer et à s'autonomiser, constituant l'archétype des figures d'autorité qui fixent les règles et les font respecter.

Une exigence indispensable à notre incarnation

À l'image du père sévère, des structures enfermantes, de la loi contraignante, Saturne renvoie au cadre, aux règles et à la punition afférente, à l'absence, aussi, au manque, aux épreuves, aux difficultés de vie inhérentes à la condition humaine. Saturne est synonyme de séparation, de castration et de rigidité. Elle restreint, frustre, et plombe. Lorsqu'elle n'est pas comprise et intégrée, elle crée le sentiment de subir sa vie, dans une perception du monde difficile. Porteuse d'une blessure d'incarnation qui en fait un vecteur d'épreuves, elle donne la sensation d'être « handicapé du bonheur ».

Son niveau d'exigence, son besoin de contrôle et la discipline qu'elle requiert sont douloureux, mais elle est indispensable à la construction de la psyché et à notre processus d'évolution, qui requiert par essence de la maturité. C'est Saturne qui nous fait franchir des caps, tous les 7 ans environ, nous offrant plus de discernement, nous faisant devenir adultes et nous enjoignant à prendre nos responsabilités. C'est souvent lors de ses passages que l'on a son premier enfant, que l'on se marie ou que l'on divorce ; c'est avec elle aussi que l'on apprend à vieillir plus sereinement. Sans Saturne, il est impossible de concrétiser quoi que ce soit.

Avec l'expérience, nous comprenons que moins on intègre Saturne, plus on la subit, projetant alors tout ce qui symbolise la structure sur des personnes ou des situations extérieures. Parfois de façon positive, père de substitution, mentor, maître spirituel ou autorité rassurante, mais souvent de façon négative quand le lien nous infantilise et nous dévalorise, quand il s'avère si puissant qu'il nous empêche de fonder notre propre sécurité intérieure et de devenir autonome. En revanche, plus on l'intègre, plus elle nous donne la possibilité de réaliser ce qui nous tient vraiment à cœur. Saturne nous donne les moyens de notre ambition, nous permet de concrétiser ce qui, autrement, resterait du domaine du rêve, en donnant corps, en permettant de passer de la conception à la naissance. À un moment ou à un autre, il est essentiel de s'en faire une alliée pour pouvoir être le maître de sa vie. Cela demande d'accoucher de soi-même, de s'incarner. Cela demande un profond changement intérieur qui consiste à contacter sa vérité intrinsèque, celle qui pose les limites pour nous verticaliser.

Saturne est aussi synonyme de sagesse, de raison, et de maîtrise. Elle responsabilise, elle centre, elle renforce. Elle constitue notre colonne vertébrale sans laquelle nous ne pourrions tenir droit ni rayonner. En véritable père du Soleil, Saturne nous amène à la connaissance de soi et à notre centre. Tant que l'on refuse de prendre ses responsabilités et d'accepter ce qui est, on se sentira en échec ; plus on acceptera d'incarner sa vérité, plus Saturne deviendra une alliée pour se réaliser.

Gardien du seuil entre mondes visible et invisible

La sagesse ne doit pas être confondue avec le contrôle, une manifestation excessive et mal intégrée de Saturne, qui se montrera alors par une psychorigidité, des idées arrêtées, un manque flagrant de flexibilité. Saturne conduit à la maîtrise qui ne cherche pas à forcer quoi que ce soit. Elle s'acquiert par la connaissance de soi et une profonde sécurité intérieure qui s'exprime de façon affirmée et sereine. Saturne, par son cadre et sa discipline, nécessite le chemin de toute une vie ; son niveau d'exigence doit être mis au service de ses valeurs spirituelles pour que les efforts qu'elle requiert ne paraissent pas vains.

Lorsqu'elle n'est pas suffisamment intégrée, Saturne a une action très forte sur l'ego et la personnalité limitante, qui maintient coûte que coûte la forme au fond, la personnalité autocentrée à l'appel de l'âme. Elle place la personne sous l'emprise de son archétype, de sa représentation psychique, liée à la culpabilité, et bloque son processus d'individuation. Un jour ou l'autre, pour quiconque est en quête de sens, elle demande de mettre un genou à terre, de faire preuve d'humilité et de s'ouvrir à cette autre dimension fascinante de la vie que constituent les planètes transaturniennes, Uranus, Neptune, Pluton. Elle est la gardienne du seuil entre le monde visible et invisible, constituant une sorte de rempart contre la puissance de ces planètes qui représentent une menace pour l'ego et l'identification à sa personnalité – à travers l'apparence, le statut, le compte en banque et tout ce qui nous sécurise.

La plupart des gens vivaient ainsi jusqu'à peu et cela ne posait pas plus de problèmes que cela. Mais un retournement collectif est en cours, associé astrologiquement à Pluton dans le signe du Capricorne, celui de Saturne depuis 2008 et à la mise en place progressive de l'ère du Verseau, à même d'accueillir les processus de transformation qui s'imposent.

Malgré sa rectitude, Saturne est une planète ambivalente. Elle peut prendre la forme d'un mur, d'une montagne infranchissable, dont la pierre poussée à son sommet finit toujours par retomber, à l'image du mythe de Sisyphe. Elle peut aussi représenter une échelle qui, barreau après barreau, nous mène au grand ciel étoilé et à la dimension transpersonnelle de l'existence, qui nous relie à son infinitude.

Saturne nous demande de faire preuve d'humilité et de patience : tout ce qu'il y a de plus beau sur notre planète ne s'est pas fait en un jour ; en conscience, nous pouvons discerner à notre tour les plus grands trésors dans nos difficultés. Ainsi, Saturne peut être perçue comme la structure qui permet d'accueillir la puissance de notre être et non comme une forteresse qui lui ferait rempart. Pour y parvenir, il faut faire preuve de volonté, d'engagement et de discipline : la pratique exigeante du yoga, activité saturnienne par excellence, illustre bien ces propos. Et tous ceux qui excellent dans une discipline laborieuse savent bien ce qu'ils doivent à cet engagement saturnien.

Saturne en signes et en maisons

Après avoir repéré Saturne dans votre ciel de naissance, en signe et en maisons[1], reportez-vous au tableau suivant pour connaître la manifestation de Saturne dans un secteur d'expérience (en maisons) et les caractéristiques qui demandent un travail particulier, des qualités à conquérir et un potentiel à incarner (en signes[2]). Ne prêtez pas attention à la colonne « Transit » pour l'instant.

Maison/Signe	Ciel natal	Transit
Maison I Bélier	Blessure d'incarnation qui donne un sentiment d'infériorité, mais aussi un grand sens des responsabilités acquis dès le plus jeune âge. Cette position incite à s'individualiser et à acquérir une confiance en soi suffisante pour décider de façon autonome et potentiellement incarner une personne leader et structurante. L'enjeu : se libérer de la culpabilité qu'on peut ressentir à rayonner.	Naissance-renaissance. Cap de maturité décisif. Rigueur imposée. Découvrir qui l'on est réellement. Nouveau positionnement et prise de décisions importantes.

1. La maison I est en analogie avec le signe du Bélier, la maison II avec le Taureau, etc. La signification est donc comparable.
2. Voir le tableau récapitulatif du détail de Saturne en signes en annexe.

Maison/Signe	Ciel natal	Transit
Maison II Taureau	Infériorité par rapport à sa propre valeur. Doute quant à ses dons et ses talents. Le rapport à l'argent est très important. Cherche à se rassurer à l'excès. L'enjeu : acquérir une confiance en soi qui garantisse aisance et autonomie.	Sentiment que l'on a de sa propre valeur. Conscience d'une insatisfaction : « Je mérite mieux que ce que j'ai. » Difficultés matérielles. Se restructurer, réinvestir, gagner en autonomie. Bonne période pour se mettre à son compte.
Maison III Gémeaux	Ne se sent pas au niveau intellectuel. Cherche à rationaliser à l'excès, à contrôler par le mental. L'enjeu : incarner une figure structurante de transmission de savoir.	Restructurer le mental, apprentissage, idée de formation, organisation, communication, besoin d'apprendre. Mettre de l'ordre dans ses pensées. Régler les problématiques avec son entourage proche en se positionnant.
Maison IV Cancer	Manque dans l'enfance. Blessure émotionnelle affective. Parent absent ou défaillant. Insécurité. L'enjeu : se sécuriser émotionnellement et faire de même vis-à-vis des autres.	Restructuration, bases, fondations. Stabilité, sécurité intérieure, travail sur soi et sur ses origines, déménagement, changement professionnel, étape importante de la vie familiale, restructure le cadre général. Tensions familiales à dénouer.
Maison V Lion	Faille d'amour de soi. Blessure de l'expression de l'enfant intérieur. Sens inné du sérieux et de la discipline. Doutes sur son rayonnement naturel. L'enjeu : avoir confiance en soi et être un support de créativité.	Sérieux dans la maison des plaisirs. La création demande du travail et de la discipline, plus conscient de ce qui empêche de se faire plaisir, déceptions affectives, idée de guérir son enfant intérieur, création sur du long terme.

Maison/Signe	Ciel natal	Transit
Maison VI Vierge	Importance de la santé. Problématique au corps. Risque de somatisation (le stress se manifeste sous forme de douleur physique). Asservissement. L'enjeu : incarner le sens du service.	Remettre de l'ordre, réorganiser sa vie dans ses placards, son alimentation, ses habitudes. Prendre soin de sa santé, se discipliner. Nouvelles responsabilités, haut niveau d'exigence.
Maison VII Balance	Blessure dans la relation, l'autre nous renvoie un mur car on est fermé à lui. Inhibé avec les autres. Conjoint saturnien. Union tardive. Difficultés à communiquer à l'intérieur du couple. L'enjeu : incarner son rôle structurant dans la relation.	Retour des projections. Pose la question de ce qui a été projeté dans la relation. Engagement/rupture, heure de vérité. Nouveaux projets, contrats avec plus de discernement. Cap de maturité à franchir dans la relation.
Maison VIII Scorpion	Possible frigidité ou impuissance. Contrôle dans la relation. Personne dans la performance. Peur de la mise à nu, de l'intimité. L'enjeu : s'engager dans la voie de la transformation, se réaliser par l'ouverture à l'Inconnu.	Rencontre avec Pluton et la puissance des forces de l'inconscient. Blocage sexuel, transformation, mort (symbolique), sexualité, rapport de force avec l'invisible. Période alchimique. Ordre dans les biens communs et dans ses relations intimes. Prendre conscience de sa puissance de transformation.
Maison IX Sagittaire	Trop marqué par une éducation, des principes, un cadre rigide, ce qui crée des positions dogmatiques et une fermeture d'esprit. Rapports à l'autorité compliqués. L'enjeu : devenir son propre maître.	Remise en question de ce qui a été inculqué, nouvelles valeurs, spiritualité, religion. Grand ménage vers une nouvelle identité. Trouver un autre sens à l'existence. Incarner sa propre autorité.

Maison/Signe	Ciel natal	Transit
Maison X Capricorne	Image de la mère sévère, responsable. Beaucoup d'ambition. Rôle social à prendre, qui peut parfois être inhibitif. Image de personne structurante. L'enjeu : choisir une vocation qui fasse du sens pour le collectif.	Besoin de réalisation fort. Idée de bilan de vie général, critères de réussite en question. Augmentation de charges sans augmentation de moyens. Promotion avec prix à payer. Réorientation de ses objectifs de vie.
Maison XI Verseau	Doute de sa légitimité dans le groupe. Problématique liée à l'image de soi. Blessure de rejet. L'enjeu : incarner son rôle structurant dans le groupe.	Reconquérir sa place dans le groupe. Incarner dans le groupe la fonction redéfinie à l'étape précédente. Rapports de force, repositionnement. Raréfaction des amitiés. Niveau d'exigence plus élevé dans son interaction avec le collectif.
Maison XII Poissons	Sentiment de solitude. Nombreux conditionnements. Obligation de se retirer des préoccupations du quotidien. Position de maître, de sage. L'enjeu : découvrir sa vérité et l'incarner dans le collectif.	Idée de retrait du monde, du quotidien. Période de solitude choisie. Sentiment de solitude, d'épreuve. Gestation, il faut laisser du temps au temps. Gros travail sur soi. Réappropriation de sa vérité intérieure en vue d'une renaissance (Saturne sur l'Ascendant).

Dans le ciel de naissance, Saturne indique le lieu de nos plus grandes difficultés, dans lesquelles on tend à se comporter de façon infantile, déresponsabilisée, en cherchant de la réassurance à l'extérieur de soi. Elle crée une impossibilité à exister de façon naturelle et spontanée, nous exposant inconsciemment à une punition, tant le poids de sa culpabilité est lourd. Elle crée donc un manque, un sentiment d'infériorité, un vide qui peut aussi être vécu sous la forme d'une avidité jamais rassasiée.

Saturne constitue le lieu de nos apprentissages à partir des difficultés et des épreuves de la vie. Pour être bien vécue, Saturne demande, là où elle se trouve, à ce que nous fassions preuve de sagesse, de maîtrise et de discipline. Ainsi, Saturne n'est plus le saboteur mais le vecteur de notre vérité intérieure que personne ne peut contester. Elle nous incite à dépasser nos conditionnements, qui renferment nos croyances limitantes et les plus grandes peurs de l'ego (échec, rejet, abandon), et à nous conduire en personnes responsables, comme seuls maîtres de nos vies. En ce sens, elle peut être vue comme le lieu de la plus grande réalisation de l'âme.

Saturne a longtemps été appréhendée comme une planète « maléfique » qui mettrait en échec, qui nous rendrait défaillants, nous privant des qualités du signe dans lequel elle se trouve. Je crois, au contraire, qu'elle nous permet d'exceller, à condition de la vivre en conscience et de s'y engager. Lorsqu'elle se situe en conjonction au Soleil, à la Lune ou aux nœuds lunaires (moins de 10 degrés) dans le ciel de naissance ou en aspect, à 90 ou 180 degrés, Saturne confère sa puissance symbolique au luminaire concerné, accordant alors à la personnalité une dominante très saturnienne.

Saturne en transit

Identifiez dans votre ciel de naissance le signe transité par Saturne et la maison concernée[1] et reportez-vous à la colonne « Transit » du tableau précédent pour en comprendre la signification.

Saturne est une planète lente, qui travaille une maison en fonction de sa taille, en moyenne 2 ans et demi. Dans un secteur en transit, elle apporte réalisme, discernement et engagement. Plus Saturne rétrograde, plus le transit est marquant. Saturne demande des efforts et impose que tout se passe plus lentement : en nous faisant ralentir pour nous restructurer, elle peut créer un climat de fatigue, de déprime et de pessimisme. Saturne vient vérifier la solidité des secteurs qu'elle transite et nous incite à y mettre de l'ordre. Le conseil est d'adopter une attitude de sérieux, d'effort, de discipline et de persévérance : de très belles récompenses concrètes se trouvent souvent à la clé.

Ce sont les degrés transités par Saturne en rétrogradation qui sont les plus concernés. Le principe d'une rétrogradation étant toujours le même, la planète s'intériorise pendant le transit ; les effets concrets du transit ont davantage de chances de se manifester lorsque la planète redevient directe. Si Saturne forme des aspects harmoniques (conjonctions, trigones, sextiles) avec des points du thème, son transit a toutes les chances d'être bénéfique. Ses aspects dissonants (carrés, oppositions) peuvent nous ralentir et nous mettre à l'épreuve.

1. Voir le tableau des transits de Saturne en annexe.

Chiron, nous sommes tous guérisseurs !

« Tout le monde a une mission dans la vie…
Un don unique ou un talent spécial à offrir à autrui.
Et lorsque nous mettons ce talent particulier
au service des autres, nous connaissons l'extase
et l'exultation de notre propre esprit,
qui est le but ultime de tous les buts. »

Khalil Gibran

Sans doute la découverte récente de Chiron explique-t-elle le succès grandissant du développement personnel depuis 40 ans et de toutes les thérapies auxquelles nous avons accès aujourd'hui. Chiron a été découvert le 18 octobre 1977, au 4e degré du Taureau. Les astronomes, sans parvenir à définir sa nature, le considèrent tantôt comme un astéroïde, tantôt comme une planète, tantôt comme une comète. Je le vois pour ma part comme un astéroïde ; poétiquement, il pourrait être celui du Petit Prince. Sa nature étant intrinsèquement masculine, on l'évoquera au masculin.

L'empreinte d'une blessure initiatique

Situé entre Saturne et Uranus, Chiron constitue un point de passage entre le monde invisible et le monde visible ; Saturne étant la dernière planète visible à l'œil nu, celle qui symbolise le monde visible et tangible, et Uranus, la première planète du monde invisible et illimité. Ainsi, Chiron forme une empreinte dont notre âme garde la trace lors de son passage entre le plan de l'unité, celui du divin où règne la plénitude, et celui de la dualité, du terrestre, où règne la séparation.

La réalité saturnienne de la vie sans dimension spirituelle nous fait croire que l'incarnation sur terre est faite d'épreuves et de souffrances, insurmontables, et que nous sommes prisonniers de nos blessures, séparés du plan divin. Chiron nous propose de le retrouver à partir des blessures qui nous sont révélées et d'accéder en conscience à la guérison. Pour mieux comprendre la signification de Chiron, il est indispensable de se référer au mythe grec du même nom.

Chiron, fils de Cronos (Saturne) et de la nymphe Philyra, est un centaure qui a la particularité d'être aussi un dieu. Son arrivée au monde est marquée par une double blessure : abandonné par son père et sa mère, il est recueilli par Apollon et Artémis, le Soleil et la Lune personnifiés, auprès de qui il va déployer ses dons divins : artiste, mathématicien, médecin, astrologue, musicien et excellent pédagogue. La racine de Chiron, *chiros*, ou le « pouvoir de la main », évoque la dimension divine se révélant à travers l'utilisation de la main et de la lumière qu'elle véhicule : c'est tout naturellement que Chiron devient un sage que toute la Grèce visite pour recueillir ses conseils, ses enseignements, et bénéficier de ses pouvoirs de guérison.

Mais étant un dieu incarné dans un corps d'animal, il manque à Chiron la connaissance de la condition humaine pour faire de lui un être entier. C'est une blessure accidentelle causée par l'un de ses élèves, Hercule – celui des douze travaux –, qui va lui apporter cette dimension nécessaire. Sur le plan symbolique, rien n'est fortuit, et l'accident dont il est apparemment victime vient en fait réactiver des blessures plus profondes qui devaient être ramenées à la conscience pour faire de lui un être entier dans ses trois dimensions : divine, humaine, animale. La blessure en question, causée par une flèche infectée du sang de l'hydre de Lerne, est particulièrement douloureuse : ce monstre constitue les forces de l'inconscient indomptables en relation avec le signe du Scorpion et de Pluton. Chiron souffre. Mais il souffre d'autant plus qu'il ne sait comment mettre fin à sa douleur, lui qui a habituellement la solution à tous les problèmes... Plus il cherche, plus il souffre, et plus il souffre, plus il cherche. Cela n'est pas sans rappeler le long chemin de la connaissance de soi de ceux qui ont pour vocation de devenir thérapeutes ou guérisseurs d'âme et dont la légitimité n'est pas fondée sur un quelconque diplôme mais sur l'expérience personnelle, intime et initiatique de leur savoir-faire.

La solution, c'est Zeus, *alias* Jupiter, qui va l'apporter à Chiron en lui proposant d'échanger son immortalité contre la guérison : en acceptant la mort, Chiron, réunifié dans toutes ses parties, peut accéder à nouveau à l'unité.

Reconnaître notre humanité pour se réunifier

Il y a plusieurs enseignements à tirer de ce mythe. Le premier, c'est qu'à force d'être déniées et réprimées, les blessures de l'âme deviennent mortifères. Symboliquement, elles se manifestent à travers les épreuves de la vie et la souffrance, jusqu'à être reconnues, acceptées et transmutées par la force de l'initiation spirituelle.

Le deuxième, c'est que la souffrance n'est pas vaine et qu'elle permet, si elle est vécue en conscience, un chemin initiatique de guérison qui passe par l'introspection : la reconnaissance de la souffrance est une voie pour ne pas la subir mais s'en libérer.

Le troisième enseignement de ce mythe, c'est que la guérison passe par l'acceptation de la mort et la résiliation face à la souffrance. Chiron est l'anti-héros par excellence : il reconnaît et accepte sa blessure et ses failles ; plutôt que de se battre, il cherche la solution grâce à l'introspection et à l'apprentissage de la sagesse.

Le quatrième enseignement, c'est que ce type de parcours initiatique, de l'expérimentation intime de la souffrance jusqu'à sa délivrance, se présente comme un passage obligé pour tous ceux qui sont amenés à incarner les enseignements de Chiron, thérapeutes, guides ou enseignants, et les personnes qui intègrent le divin à leurs actions : c'est l'initiation personnelle qui donne la légitimité spirituelle de ces vocations.

Enfin, Chiron dit que la quête initiatique nous rend encore plus sages et bienveillants, et plus justes les dons qu'elle prodigue. Nous sommes des êtres divins venus s'incarner sur terre, et l'accès à la totalité de notre être passe par l'identification de notre vulnérabilité : c'est la reconnaissance de notre humanité et l'acceptation de la mortalité qui lui est intrinsèque qui permettent notre réunification avec le divin.

Quand la grâce surgit

Le mot-clé de cette initiation à laquelle nous invite Chiron est la vulnérabilité, la faille par laquelle passe la lumière et qui ouvre l'homme à sa dimension divine. C'est cet état qui permet à la grâce de surgir par l'intervention de la Providence. Chacun d'entre nous a un Chiron dans son ciel de naissance. Il nous enseigne à faire confiance à notre maître intérieur et à transformer la blessure originelle en don personnel pour devenir à notre tour un Chiron incarné, un guide, un enseignant, un initiateur, un messager du divin.

Chiron met 50 ans pour faire le tour du zodiaque : 50 ans est ainsi considéré comme l'âge d'or de la guérison et des guérisseurs. Mais c'est aussi une étape où les blessures non guéries, notamment transgénérationnelles, peuvent ressurgir pour être reconnues, accueillies et traitées ; elle ouvre sur une autre dimension de l'Univers et nous offre potentiellement une nouvelle existence. Cet âge, qui symbolise la moitié de la vie – comme Chiron représente la porte entre Saturne et Uranus –, constitue le passage vers une deuxième partie, plus consciente, plus humaine, où l'on donne à l'autre une place centrale.

Il est intéressant de relever qu'au moment de la découverte de l'épidémie mondiale de coronavirus qui s'est répandue au cours de l'année 2020, Uranus transitait en mars la position de Chiron à 4 degrés du Taureau, et que Saturne et Pluton formaient un carré à la position du Soleil de Chiron[1] au 23ᵉ degré de la Balance. Par ailleurs, de mars à décembre 2020, Chiron se situait à son point d'aphélie, à 5 degrés du Bélier, c'est-à-dire le point de son orbite le plus éloigné du Soleil : confirmation céleste d'une année particulièrement propice à l'éveil spirituel à travers la souffrance du monde. Malgré ses drames, cette crise sanitaire porte

1. Le Soleil de Chiron du thème astral de sa découverte le 18 octobre 1977.

donc aussi la possibilité d'une guérison massive pour l'humanité.

Il existe une version du mythe qui raconte que Chiron prit la place de Prométhée, puni par les dieux pour leur avoir volé le feu de la connaissance : attaché à un rocher, il était condamné à perpétuité à se faire dévorer chaque jour le foie par les aigles – il se reconstituait pendant la nuit –, les dieux ayant décrété que seul un immortel pouvait le délivrer. Ce mythe est typique du Verseau et de sa planète Uranus : il montre que la compréhension et l'intégration de Chiron permettent de délivrer Uranus, de changer de niveau de conscience et d'accéder à un nouveau paradigme empreint d'idéal et de liberté.

Chiron propose une nouvelle temporalité pour nous délivrer du temps dévorateur de Saturne, imposé et subi, qui nous fait sombrer par l'attraction terrestre, pour accéder à un autre espace-temps qui relie notre âme au divin. C'est le temps du *Kairos*, le moment opportun pour les Grecs, où la grâce surgit sans prévenir, où tout semble orchestré comme par magie, à condition de reconnaître cet oiseau de bon augure qui n'est rien d'autre qu'un messager du divin. Souvent repris par la Bible, le *Kairos* désigne le moment particulier de l'action divine, qui invite dans l'immédiateté de sa manifestation à choisir et à agir, et qui se présente comme un point de bascule de notre destinée. À condition toutefois d'avoir conscience de la dimension divine de l'être humain…

Chiron en signes

La logique de Chiron est toujours la même : nous faire douter de notre capacité à incarner le signe dans lequel il est[1]. Notre incapacité à correspondre à l'idée que l'on se fait de notre signe est notre blessure, nous permettant d'inventer sa propre incarnation de ce signe, et c'est là notre réalisation. C'est de cette expérience personnelle que peut naître une vocation en relation avec ce signe, d'une nature « divine », comme si nous étions guidés pour transmettre à notre tour la guidance reçue lors de notre initiation. Associer Chiron en signe avec sa position en maison permet de saisir son enseignement dans le ciel de naissance.

Chiron en Bélier

Il s'agit d'une blessure liée à la légitimité d'être, affectant le leadership naturel et la capacité d'initier et d'agir. Le chemin est de prendre conscience de cette blessure de l'âme et d'accepter de se faire confiance en initiant son propre parcours au fur et à mesure duquel l'énergie du divin le révélera à sa dimension d'initiateur, d'éveilleur de conscience, d'accoucheur de potentiel.

Chiron en Taureau

Il s'agit d'une blessure d'incarnation qui fait douter de sa valeur, de ses dons, de ses talents et de leur possible concrétisation. Le chemin est de prendre conscience de cette blessure de l'âme et d'accepter de se

1. Il vous suffit de repérer le glyphe de Chiron (un petit k avec un cercle en dessous) et d'identifier le signe et la maison dans lesquels il se trouve.

faire confiance en développant des activités corporelles et créatrices qui réconcilient avec le monde des sensations et ouvrent à l'abondance. Viendra alors l'énergie du divin, qui permet de réaliser des œuvres magnifiques et de donner corps aux projets.

Chiron en Gémeaux

Il s'agit d'une blessure d'expression qui affecte la communication et le sentiment d'être compris, écouté et entendu, avec une problématique qui peut aussi toucher la fratrie. Le chemin est de prendre conscience de cette blessure de l'âme et d'accepter de se faire confiance en libérant la parole et en développant des activités d'expression, notamment la communication et l'écriture.

Chiron en Cancer

Il s'agit d'une blessure d'abandon qui rend particulièrement sensible à tout ce qui relève du féminin blessé, de la relation à la mère et à ses souffrances, à la maternité et à l'enfance. Le chemin est de prendre conscience de cette blessure de l'âme et d'accepter de se faire confiance en se réconciliant avec ses émotions, et de mettre à profit son empathie et sa compassion pour prendre soin des autres et d'exprimer le divin à travers la création.

Chiron en Lion

Il s'agit d'une blessure narcissique qui affecte l'amour de soi et la confiance intérieure. Le chemin est de prendre conscience de cette blessure de l'âme et d'accepter de se faire confiance en prenant soin de son enfant intérieur et de son potentiel de rayonnement. Il faut réaliser que la vraie lumière est celle du divin et que l'on en est le messager à travers son expression personnelle, la joie et l'enthousiasme retrouvés.

Chiron en Vierge

Il s'agit d'une blessure qui génère un complexe d'infériorité et le sentiment d'être imparfait, jamais à la hauteur du niveau d'exigence attendu. Le chemin est de prendre conscience de cette blessure de l'âme et d'accepter de se faire confiance en laissant pénétrer le divin par ces prétendues imperfections, ce qui renforcera, au fur et à mesure, notre expertise, notamment dans les domaines de la santé et du bien-être ainsi que dans toutes les professions qui requièrent une excellente compréhension de l'homme et de son mode de fonctionnement.

Chiron en Balance

Il s'agit d'une blessure qui affecte la relation à l'autre et l'idée d'être aimé à la hauteur de ses propres sentiments. Le chemin est de prendre conscience de cette blessure de l'âme et de trouver la relation juste en soi ; de développer ses dons en relation avec le sens de la justice, de l'harmonie et de l'équilibre. La connexion au couple intérieur permettra de se révéler, à travers notamment l'art, l'esthétique, la justice, et la relation juste et bienfaisante.

Chiron en Scorpion

Il s'agit d'une blessure de pouvoir, qui donne la sensation d'en être privé et expose particulièrement aux sujets liés à la mort et à la souffrance psychique et émotionnelle. Le chemin, initiatique par excellence, consiste à prendre conscience de cette blessure d'âme et à faire confiance à son pouvoir intrinsèque de transformation et de résilience. Ainsi, le divin aura la possibilité de passer à travers la profondeur de la psyché et de faire de la mort symbolique et des deuils nécessaires les meilleurs alliés pour s'incarner dans toutes les dimensions de l'être.

Chiron en Sagittaire

Il s'agit d'une blessure liée au sens de la vie, à un système de croyances philosophique, spirituel ou religieux, affecté d'un scepticisme personnel. Le chemin est de prendre conscience de cette blessure de l'âme est de créer son propre parcours initiatique afin de devenir un maître, un enseignant, un guide spirituel à travers son expérience personnelle de Dieu.

Chiron en Capricorne

Il s'agit d'une blessure liée à l'ordre, à la structure, à l'autorité et à une difficulté à se faire confiance dans la réalisation concrète de ses projets, comme s'il y avait une faille dans l'architecture personnelle. Le chemin est de prendre conscience de cette blessure de l'âme et de faire entrer la lumière par cette faille pour qu'elle s'incarne dans des projets concrets pour devenir architecte du divin à travers ses réalisations.

Chiron en Verseau

Il s'agit d'une blessure liée à un idéal élevé et à une trahison afférente, qui induit une difficulté à s'engager dans des projets collectifs. Le chemin est de prendre conscience de cette blessure de l'âme et d'insuffler à la société de nouvelles idées en devenant un guide, un porte-parole, un ambassadeur du divin au service de l'évolution de la société.

Chiron en Poissons

Il s'agit d'une blessure liée à la mémoire de la perte du paradis originel dont on reste inconsolable, ce qui confère une sensibilité exacerbée et la tentation de se positionner en victime ou en sauveur. Le chemin est de prendre conscience de cette blessure de l'âme et de faire preuve de discernement dans ses motivations d'aide aux autres. Le divin se manifestera alors dans sa forme la plus pure de l'amour inconditionnel qui n'avance aucune revendication.

Chiron en maisons

La maison de Chiron est le secteur d'expérience où un changement de conscience est opéré et permet de l'incarner en tant que canal du divin (à combiner avec la position de Chiron en signes). Cette position structurelle est valable pour toute la vie.

Maison	Enjeu	Mots-clés	Cadeau de Chiron
I	Prendre conscience de sa différence, de son unicité.	Moi, autonomie, affirmer qui je suis.	Incarnation parfaite de la symbolique de Chiron.
II	Utiliser ses acquis.	Incarnation, dons et talents, être à son compte, s'autonomiser, investir.	Libère sa créativité.
III	Découvrir son environnement.	Communiquer, parler, écrire, apprendre.	Perce les mystères de la communication.

Maison	Enjeu	Mots-clés	Cadeau de Chiron
IV	Trouver son centre.	Foyer, maison, racines.	Aide les autres à se construire.
V	Exprimer sa richesse.	Créativité, enfants, joie.	Transmet la passion de son art.
VI	Apprendre à servir.	Quotidien, corps, santé, guérison.	Sert l'humain et la Terre.
VII	Rencontrer objectivement ce qui n'est pas soi.	Relations, associations, aller vers l'autre, projets à deux.	Joue un rôle de médiateur ou de conciliateur ; incarne Chiron dans la relation à l'autre.
VIII	Utiliser et faire fructifier l'acquis du groupe.	L'inconnu, le monde invisible, transformation, reconversion.	Guide les autres dans la traversée de leur ombre.
IX	Découvrir des horizons nouveaux.	L'étranger, l'élévation, l'autorité, la vie spirituelle.	Offre le potentiel d'être un guide spirituel, un enseignant.
X	Recevoir le pouvoir dans la société.	Le travail, la réalisation personnelle, nouvelle destinée, grande évolution.	Offre le potentiel d'exercer une profession en rapport avec Chiron, révélateur de potentiels.
XI	Exprimer les idéaux collectifs.	Prendre sa place au sein du groupe, s'ouvrir à de nouveaux cercles, à de nouvelles opportunités liées au réseau.	Offre le potentiel d'être un porte-parole d'une cause.
XII	Incarner une image archétypale.	L'inconscient, retrait du quotidien, retraite, vie spirituelle, travail sur soi.	Offre le potentiel d'être un passeur d'âmes, un accoucheur.

Chiron en transit

Chiron peut autant réactiver une blessure liée au secteur qu'il transite[1] qu'il est en mesure de faire le cadeau de *Kairos* (moment de l'action divine) : offrir une guérison inespérée, provoquer des opportunités de rêve, des rencontres d'âmes. Dans le secteur qu'il transite, on le retrouve à travers des rencontres, des situations ou des expériences, pour nous offrir la présence du divin dans notre vie. Les dates correspondant au moment de sa rétrogradation et de sa reprise directe peuvent correspondre à des rendez-vous marquants du processus chironien.

TÉMOIGNAGE
Ma propre expérience de Chiron en Bélier et en maison X

Cette double position évoque une blessure existentielle liée à la capacité d'entreprendre, de se faire confiance et de se réaliser pleinement dans la sphère socioprofessionnelle. La présence de Chiron rend quasi impossible toute ambition qui ne le mettrait pas en son centre. Tant que je n'avais pas compris quelle était ma voie – qui est venue sur le tard, suite à différents événements –, je ne me sentais pas à ma place ; les postes que j'occupais me faisaient douter de mes compétences et de ma légitimité et, en tout état de cause, ne m'épanouissaient pas.
C'est en me faisant confiance, en osant, en entreprenant, que j'ai découvert ma fibre Bélier qui ne demandait qu'à se révéler. Je ne réponds pas aux standards de la *business woman*

1. Identifiez les degrés du signe correspondant au passage de Chiron et la maison qui lui correspond dans votre ciel de naissance puis référez-vous à la deuxième colonne du tableau des transits de Chiron, en annexe.

Bélier, mais la façon dont je me suis appropriée ce signe me permet aujourd'hui de me réaliser pleinement dans mon activité et d'aider les autres à faire de même en les révélant à leur potentiel (c'est la vocation de la maison X).
Chiron est absolument central dans mon approche de l'astrologie et attire à moi des personnes qui ont besoin d'être confortées dans leur chemin initiatique.

....

Uranus, l'éveil de soi

> « Notre seule véritable liberté consiste à découvrir et à dégager la réalité spirituelle qui est en nous. »
>
> *Sri Aurobindo*

Uranus est la planète du Verseau, celle de la liberté et du changement par excellence, celle de la libération des conditionnements, celle encore qui signe toutes les révolutions, les inventions, les innovations. Elle a été découverte le 13 mars 1781, entre la création des États-Unis et la Révolution française, par William Herschel, *évidemment* uranien, mort au moment exact du retour d'Uranus… à l'âge de 84 ans.

Le principe de l'esprit créateur

Je dis souvent que tous les génies sont uraniens, ce qui ne signifie pas que tous les uraniens sont des génies, tant cette planète est difficile à intégrer, notamment socialement. Les uraniens sont bien souvent des incompris car ils ont une longueur d'avance sur leurs contemporains et sont dotés d'une nature anticonformiste fortement ancrée. Je pense notamment à Alan Turing, célèbre mathématicien et cryptologue britannique. Parmi les fondateurs de l'informatique, il est connu pour avoir joué un rôle majeur dans le décryptage de la machine Enigma utilisée par les nazis. Son Uranus natale est exactement conjointe à son Milieu du Ciel, ce qui place cette planète au zénith de sa destinée. Il est mort empoisonné à 42 ans, un âge uranien, celui de l'opposition d'Uranus.

Pour comprendre l'essence d'Uranus – et de Saturne et Jupiter par la même occasion –, il faut revenir à la mythologie grecque, et plus particulièrement à *La Théogonie* d'Hésiode. Au commencement du monde, il n'y avait qu'Ouranos, le grand ciel étoilé, et Gaïa, la Terre. Ouranos, qui représente le génie créateur, le principe de vie pur, la création dans toute sa splendeur, engendre avec Gaïa plusieurs dieux, dont Cronos, ainsi que toutes formes de monstres effrayants. Gaïa, lasse de cette anarchie croissante, dote son fils Cronos d'une faux pour émasculer son propre père et mettre un terme à cette prolifération qui ne permet pas à la vie de prendre forme de façon viable sur terre. Ainsi, Cronos, *alias* Saturne, est le principe séparateur même : il symbolise l'incarnation, en rendant la vie stable dans une dimension du temps sur laquelle il règne, celle de l'ordre qu'il a établi. Mais c'est au prix d'une castration, d'une coupure avec le principe de création infinie. Redoutant de subir la même castration avec sa propre progéniture, Cronos dévore ses enfants à peine nés pour éviter la punition qu'il a infligée à son père. Dans sa nature même, il est peureux et sécuritaire, c'est le principe de la frustration incarnée ; toutefois, c'est lui qui organise le monde de la matière comme la Terre Mère l'en avait missionné.

Afin de contourner cette malédiction qui s'abat sur ses enfants, Rhéa, la femme de Cronos, remplace son fils Jupiter auquel elle vient de donner naissance par une pierre qu'elle entoure d'un linceul. Le stratagème fonctionne et Jupiter a la vie sauve ; il redonnera vie à ses frères et sœurs, dont Neptune et Pluton, grâce à une potion purgative. Jupiter est le symbole de la vie qui reprend ses droits sur ce qui entrave son mouvement et génère une frustration incompatible avec l'expansion que l'homme porte en lui.

Cette histoire fondatrice de la mythologie met en scène Uranus, le principe de l'esprit illimité, Saturne, celui de la structure, par définition limitée mais nécessaire à l'incarnation, et Jupiter, principe même de la croissance et de l'expansion. Nous avons tous en nous un Uranus qui cherche la liberté dont il a été privé, et ce avec d'autant plus de force qu'il a été renié. Cela se passe souvent au moment de son opposition, vers 43 ans, ou encore lorsqu'il transite un angle du thème, particulièrement l'Ascendant, ou le Soleil et la Lune.

Planète du supra-mental par excellence

Uranus est une planète transpersonnelle, au-delà de l'orbite de Saturne, qui ne peut pas être appréhendée par le mental : elle est la planète du supra-mental par excellence qui éclaire l'esprit par des visions, des flashs, des fulgurances. Elle confère souvent une intelligence hors norme, visionnaire, parfois élitiste, mais peut aussi se montrer intraitable, même si sa volonté première est de changer le monde. Elle n'a pas la fibre émotionnelle de Neptune et a cette particularité d'être détachée sur le plan affectif. Son monde est celui des idées en quête d'absolu, pas celui des sentiments. Reliée au mythe de Prométhée et à sa prétention de rendre le feu divin à l'humanité, parfois sans la conscience de la catastrophe à venir, Uranus apporte le meilleur comme le pire. Son principe est celui de l'engendrement de l'esprit et elle ne permet ni discernement ni adaptabilité tant elle représente une force de surmoi inflexible. Uranus représente une instance forte d'affirmation de soi qui recherche par-dessus tout sa liberté d'être et son autonomie effective. Elle s'accommode mal de tous les schémas, y compris relationnels, qui enferment et limitent.

Un conflit sans fin oppose Uranus et Saturne, tant les deux planètes sont incompatibles, l'une représentant la liberté absolue, l'autre la sécurité totale, mais nous avons besoin qu'elles coexistent en chacun de nous. Lorsqu'Uranus l'emporte, nous sommes rattrapés par Saturne qui nous empêche, à travers ses règles et ses limitations, de vivre nos rêves ; lorsque Saturne prend le dessus, c'est au tour d'Uranus de se rebeller, créant en nous un climat d'insurrection, plus destructeur qu'autre chose. Cette force est plus prononcée encore si Uranus et Saturne forment un aspect de carré : ce sera le cas de l'année 2021, symbole d'une période de reconstruction sur fond de déconditionnement…

La solution, c'est Vénus qui nous la donne. Née de l'écume de la mer et des gouttes de sang du phallus d'Ouranos, selon la mythologie, elle nous invite à suivre la voie du cœur en toutes circonstances : faire ce qui nous fait du bien, cultiver le beau et l'amour, l'harmonie dans le conflit afin d'en triompher. S'il est absolument vain de vouloir supprimer le conflit, car c'est l'une des dynamiques de la psyché, ce qui est particulièrement destructeur, c'est d'en être prisonnier. Saturne et Uranus se font la guerre, c'est ainsi, mais pendant ce temps, Vénus aime et Jupiter dilate et fait grandir.

Il est intéressant de relever que la dernière conjonction entre Saturne et Uranus, l'alliance de la structure et de l'innovation, eut lieu en 1989, dans le signe du Capricorne, au moment où Internet entraînait toute une génération à devenir une population connectée. C'est un symbole fort de la technologie de pointe et c'est sans doute dans ce domaine que les deux planètes ont le plus de chances de s'accorder.

Uranus en signes[1] et en maisons

Période	Signe	Apporte une révolution en relation avec les symboliques suivantes
Avril 1927 – mars 1935	Uranus en Bélier	Action, individualisation, progrès
Juin 1934 – mai 1942	Uranus en Taureau	Nature, production, consommation
Août 1941 – juin 1949	Uranus en Gémeaux	Intelligence, communication, connexions
Août 1948 – juin 1956	Uranus en Cancer	Famille, origines, mémoires
Août 1955 – août 1962	Uranus en Lion	Expression personnelle, pouvoir de l'ego, ambition sociale
Novembre 1961 – juin 1969	Uranus en Vierge	Pensée, science, rationalité
Septembre 1968 – septembre 1975	Uranus en Balance	Relation, couple, justice
Novembre 1974 – novembre 1981	Uranus en Scorpion	Sexualité, psychologie des profondeurs, transgression
Février 1981 – décembre 1988	Uranus en Sagittaire	Connaissance, religion, quête de sens
Février 1988 – janvier 1996	Uranus en Capricorne	Structure, autorité, cadre de référence

1. Voir le tableau récapitulatif du détail d'Uranus en signes en annexe.

Période	**Signe**	**Apporte une révolution en relation avec les symboliques suivantes**
Avril 1995 – décembre 2003	Uranus en Verseau	Innovation, idéal collectif, changements
Mars 2003 – mars 2011	Uranus en Poissons	Inconscient collectif, amour inconditionnel, dissolution des structures
Mai 2010 – mars 2019	Uranus en Bélier	Action, individualisation, progrès
Mai 2018 – avril 2026	Uranus en Taureau	Nature, production, consommation
Juillet 2025 – mai 2033	Uranus en Gémeaux	Intelligence, communication, connexions
Août 2032 – mai 2040	Uranus en Cancer	Famille, origines, mémoires
Août 2039 – juillet 2046	Uranus en Lion	Expression individuelle, pouvoir de l'ego, ambition sociale

Les périodes d'Uranus en signe[1] peuvent se chevaucher en raison du phénomène des rétrogradations : la planète peut rentrer dans un nouveau signe avant de revenir dans le signe précédent, puis y retourner encore.

Uranus révolutionne le signe dans lequel elle se trouve en lui conférant audace, liberté et innovation. Elle reste environ 8 ans dans un signe, marquant toute une génération de sa signature. Son arrivée dans un signe est particulièrement ressentie, à l'instar de son entrée dans le signe du Bélier en mars 2011, qui correspondait au

1. Identifiez le signe où se trouve Uranus dans votre ciel de naissance en vous reportant aux annexes.

Printemps arabe. Elle confère une plus grande affirmation dans le signe où elle se trouve en lui proposant une libération. S'il s'agit souvent d'un éveil spirituel sur un plan métaphysique, elle peut aussi provoquer des ruptures de vie, conscientes ou inconscientes ; plus la résistance aux changements qui s'imposent sera forte, plus les ruptures seront brutales. Cette planète qui porte le pire et le meilleur en elle, tant nous ne la maîtrisons pas, peut parfois se vivre de façon imprévisible et radicale. C'est son mode opératoire.

Uranus est particulièrement valorisée dans le ciel de naissance lorsqu'elle est à proximité d'un angle, en conjonction (moins de 10 degrés) du Soleil et de la Lune, ou des nœuds lunaires. Si elle se situe au Descendant, elle aura plus de chances d'être « projetée » sur des partenaires dits uraniens ou expliquera le besoin de liberté non négociable dans la relation à l'autre – jusqu'à la misanthropie.

La position d'Uranus en maison[1] nous indique où exprimer au mieux son génie créateur et sa liberté d'être. Uranus nous parle du ciel qui demande à être intégré. Uranus fonctionne comme une fusée dont les premiers étages doivent être solides et opérationnels, sinon elle restera au stade des idées marginales, d'un rêve de liberté utopique, comme un révolutionnaire face à un coup d'État raté.

Uranus en transit

La présence d'Uranus dans une maison du ciel de naissance[2] apporte un changement de conscience radical

1. Voir le tableau des maisons en annexe.

2. À l'aide du tableau des maisons et de celui du détail des signes d'Uranus en annexe, identifiez dans quelle maison du ciel de naissance se trouvent les degrés des signes transités.

avec une libération potentielle à la clé et une plus grande affirmation personnelle. Son maître mot : le déconditionnement. Les transits au Soleil et à la Lune sont particulièrement significatifs et induisent la force uranienne à l'œuvre pour éclairer les archétypes intérieurs en relation avec leur symbolique. C'est le cas lorsqu'Uranus est en conjonction, c'est-à-dire au même endroit du thème, en carré, à 90 degrés, en opposition, à 180 degrés.

La maison qui correspond au secteur identifié par le passage d'Uranus connaît une véritable révolution : elle implique à la fois une évolution dans ce secteur, afin d'être vécue positivement, et un déconditionnement des anciens schémas et habitudes. Inutile de trop appréhender Uranus, cette planète nous rendra toujours visite par surprise ; la meilleure chose à faire est de se préparer au changement, de prendre conscience de nos résistances et d'accueillir les opportunités qui ne manqueront pas d'arriver, en faisant confiance aux forces de progrès à l'œuvre.

Uranus est une planète électrique et il est normal que ses passages déstabilisent et perturbent ; très puissantes, ses énergies peuvent irriter, agiter et perturber le sommeil. Son passage le plus opérant a lieu sur le Soleil, la Lune ou une planète personnelle, imprégnant de la planète toute sa symbolique. Le passage sur les angles est aussi caractéristique de changements spectaculaires. En ce qui me concerne, la création de mon activité d'astrologue a eu lieu au passage d'Uranus sur le Milieu du Ciel.

En résumé, dans le thème natal comme en transit, Uranus nous propose de prendre de l'altitude, de nous libérer des conditionnements et de vivre notre singularité, celle où notre génie créateur a le plus de chances de se déployer. Planète d'éveil par excellence, Uranus nous demande de faire preuve de la plus grande humilité pour ne pas être vécue sous la forme du despotisme ou d'un sentiment quelconque de prétendue supériorité. Si Uranus n'avait qu'une question à nous poser, ce serait peut-être celle-là : « Qui serais-tu si tu étais vraiment libre ? »

TÉMOIGNAGE

Uranus sur le Soleil : l'urgence de la liberté d'être

Quand elle est venue me consulter, Caroline était journaliste free-lance, et elle cherchait à donner une nouvelle direction à sa vie, de plus en plus alimentée par le yoga et la quête de sens.

L'arrivée d'Uranus sur son Soleil en Taureau laissait entendre une prise d'autonomie d'autant plus forte que, située en maison IX, elle correspondait aussi à un éveil spirituel. Ce transit était d'autant plus fort qu'avec ses 84 ans pour faire le tour du zodiaque, tout le monde ne vit pas la visite d'Uranus sur le Soleil ! Uranus représente les forces du changement tandis que le Taureau est celui qui lui résiste le plus, attaché au tangible et à la sécurité matérielle. La puissance d'Uranus est telle qu'elle ne laisse pas le choix : c'est la liberté ou l'implosion.

Deux ans après cette entrevue, Caroline est devenue enseignante de kundalini yoga, auteure et organisatrice de retraites. Lorsqu'on a, comme elle, autant de Terre (Ascendant Vierge, Lune en Capricorne) dans son thème, le changement est particulièrement difficile. Mais elle est bien la preuve qu'il est possible !

Neptune, en communion avec le divin

« Quand il n'y a plus rien, il n'y a que l'amour. Il n'y a plus que l'amour. Tous les barrages craquent. C'est la noyade, c'est l'immersion. L'amour n'est pas un sentiment. C'est la substance même de la création. »

Christiane Singer

Neptune a été découverte le 23 septembre 1846, en pleine période romantique, à la naissance du communisme et du féminisme, mouvements d'expansion empreints d'idéalisme et de valeurs collectives.

Aussi éprouvants les passages de Pluton puissent-ils être, ils ont une fonction initiatique, celle de conduire à Neptune, *alias* l'énergie de l'amour inconditionnel et de la rédemption. Dans les moments plutoniens les plus exacerbés, comme les opérations terroristes qui réactivent la noirceur humaine dans toute son horreur, Neptune n'est jamais loin, avec sa vague d'amour et de solidarité qui se répand et enveloppe de divin ce qui est empreint de l'innommable. Cette planète porte en elle la puissance de l'empathie et de la compassion, la perception illimitée du monde dans lequel l'ego se dissout, et la conscience holistique d'être un avec le tout : « Vous n'êtes pas une goutte dans l'océan, vous êtes l'océan tout entier dans une goutte d'eau », écrit le poète mystique Rumi pour évoquer la nature de Neptune, un agent de communion avec le divin et son infinité.

Imaginaire et idéal collectif

Neptune, c'est bien sûr Poséidon, le dieu des Mers, des Océans et des Tempêtes. C'est aussi Dionysos, le dieu du Vin, de la Semence et de la Fertilité, épicurien raffolant des plaisirs de la vie jusqu'à la démesure et parfois la folie. Neptune est la planète par excellence des états de conscience modifiés, ceux qui permettent de renouer avec le paradis originel où nous n'étions qu'unité avec l'amour, en état de fusion avec le cosmos tout entier. Ce qui renvoie aussi à la matrice utérine et à l'état de fusion avec la mer.

Les personnes marquées par Neptune sont des amoureux de tout ce qui représente ces eaux qui réconcilient avec un autre espace-temps où tout est oublié et pardonné, que ce soit à travers la mer, la méditation, la musique, la poésie, la dévotion à une cause ou la recherche. L'eau fait circuler l'information énergétique et accède à des mémoires, à la perception d'autres mondes. Elle peut aussi évoquer des personnalités publiques qui ont un rôle à jouer pour faire évoluer l'humanité, à moins que ce ne soit une totale illusion. Avec Neptune, nous ne sommes jamais certains…

Le problème, c'est qu'elle brouille tellement les frontières de la réalité en la mélangeant aisément avec l'imaginaire que Neptune nous fait céder aux chants des sirènes ou aux chimères. Elle facilite toute sortes d'activités liées au monde virtuel – médias, cinéma, photographie –, mais lorsque son action ne procède pas d'un discernement suffisant, elle développe des tendances schizoïdes rendant poreuses les frontières de la personnalité qui devient alors manipulable ou manipulatrice. Relié au signe des Poissons, le neptunien est un véritable caméléon, doué de multiples dons et talents. C'est lui qui canalise sans doute le plus aisément la fréquence vibratoire du divin. Il est aussi connu pour se dédier à des causes et servir son idéal de collectif élevé.

Une personnalité spirituelle et prophétique

Neptune est également la planète des prophètes et des médiums car elle procure un champ de vision très large, à l'instar du chakra de la couronne ouvert à l'infini des possibles. Sa lumière est comparable à celle d'un phare avec un champ de 360 degrés. La planète Uranus a un champ de vision plus étroit et focalisé, caractéristique des personnalités plus visionnaires, moins porté par l'énergie de l'amour que celle de l'innovation pure. Sa lumière est comparable à celle d'un éclair.

Comme les autres planètes transpersonnelles, Neptune est directement reliée à l'inconscient collectif. Alors que Pluton est la planète du karma par excellence et de la volonté de l'âme, Uranus, celle du génie créateur et des révolutions, Neptune, elle, est reliée aux blessures de l'humanité qui appellent une guérison par l'amour inconditionnel. C'est une énergie purement féminine qui ressent tout. Telle une mère universelle, elle comprend, accepte, pardonne, soigne et guérit, comme tant de figures archétypales – Marie, mère Teresa, Mirra Alfassa ou Amma, par exemple –, prêtes à tous les sacrifices. Elle peut être à la fois un lieu de fuite et de perdition, comme une tentative de retrouver le paradis perdu, et un canal de transmission, de révélation spirituelle et de création artistique. C'est la caractéristique de Neptune de nous embarquer dans un état de conscience où nous ne faisons plus qu'un avec le Grand Tout.

Un transit particulièrement marquant de Neptune dans l'histoire du monde a été la conjonction Saturne/Neptune de novembre 1989 : la chute du mur de Berlin évoque remarquablement la fonction de dissolution de Neptune des fortifications érigées, marquant la génération suivante d'une ouverture maximale à la conscience universelle.

Neptune en signes[1] et en maisons

Période	Signe	Apporte un idéal collectif en relation avec les symboliques suivantes
Juillet 1915 – juillet 1929	Neptune en Lion	Expression personnelle, pouvoir de l'ego, ambition sociale
Septembre 1928 – août 1943	Neptune en Vierge	Pensée, science, rationalité
Octobre 1942 – octobre 1956	Neptune en Balance	Relation, couple, justice
Décembre 1955 – novembre 1970	Neptune en Scorpion	Sexualité, psychologie des profondeurs, transgression
Janvier 1970 – novembre 1984	Neptune en Sagittaire	Connaissance, religion, quête de sens
Janvier 1984 – novembre 1998	Neptune en Capricorne	Structure, autorité, cadre de référence
Janvier 1998 – février 2012	Neptune en Verseau	Innovation, idéal collectif, changements

1. Voir le tableau récapitulatif du détail de Neptune en signes en annexe.

Période	**Signe**	**Apporte un idéal collectif en relation avec les symboliques suivantes**
Avril 2011 – janvier 2026	Neptune en Poissons	Inconscient collectif, amour inconditionnel, dissolution des structures
Mars 2025 – mars 2039	Neptune en Bélier	Action, individualisation, progrès
Mai 2038 – mai 2052	Neptune en Taureau	Nature, production, consommation

Les périodes de Neptune en signe[1] peuvent se chevaucher en raison du phénomène des rétrogradations : la planète peut entrer dans un nouveau signe puis revenir dans le signe précédent avant d'y retourner encore. Neptune idéalise le signe dans lequel elle se trouve en lui conférant une dimension humaniste et collective.

Du point de vue de Neptune, chaque individu est une partie du tout auquel il appartient. Neptune met en évidence une problématique collective liée à la symbolique d'un signe en agissant sur une génération entière – comme elle reste une quinzaine d'années dans un signe, elle marque toute une génération de sa signature – pour dissoudre les schémas traditionnels de ce signe et lui offrir une expansion collective. À chacun de personnifier sa contribution plus ou moins active au processus selon la puissance de Neptune dans son ciel de naissance. Elle confère un spectre plus large au signe dans lequel elle se trouve en proposant d'incarner

1. Identifiez le signe et la maison où se trouve Neptune dans votre ciel de naissance en vous reportant aux annexes.

l'amour inconditionnel par la voie de la rédemption. Sur un plan spirituel, cela correspond à un élargissement de conscience de l'approche traditionnelle du signe, mais elle peut aussi provoquer des états de confusion. C'est le cas, par exemple, avec Neptune en Poissons depuis 2011, qui nous ouvre collectivement à la spiritualité mais crée aussi beaucoup d'illusions et de désillusions.

Neptune est particulièrement valorisée dans le ciel de naissance lorsqu'elle est à proximité d'un angle ou en conjonction (moins de 10 degrés) du Soleil et de la Lune ou des nœuds lunaires. Si elle se situe au Descendant, elle aura plus de chances d'être « projetée » sur des partenaires dits neptuniens et amènera à vivre un amour inconditionnel en dehors de toute logique rationnelle. C'est une configuration qui se prête aussi à l'emprise d'un partenaire neptunien ; il est difficile de ne pas succomber à la fascination. Mais, comme pour toutes les planètes au Descendant et en maison VII, ne s'agit-il pas de son propre pouvoir de fascination, renvoyé en miroir ?

Dans le ciel natal, la position de Neptune en maison nous indique le lieu où l'on peut le plus exprimer sa connexion au divin et faire preuve d'une dévotion totale. Neptune, c'est l'appel du paradis perdu : une part de soi inaliénable se souvient qu'on ne forme qu'un avec le tout, conférant une sensibilité émotionnelle exacerbée et des perceptions aiguisées.

Pour être bien vécue, Neptune – comme toute planète au-delà de Saturne – nécessite un Saturne fort, sans être invalidant pour autant, c'est-à-dire un ancrage profond et une sécurité intérieure intégrée. Neptune fonctionne comme un écran de cinéma sur lequel on projetterait ses plus beaux films ; mais pour cela, il faut être incarné, au risque de disparaître avec eux, dans l'utopie de l'inconscient collectif. Avec un Saturne bien intégré, Neptune est une source d'inspiration infinie, à même de réaliser nos plus beaux rêves.

Neptune en transit

La présence de Neptune[1] induit un élargissement de conscience qui crée une sensation de dissolution personnelle avec une plus grande connexion aux énergies du collectif et à l'amour inconditionnel. Son maître mot : le lâcher-prise. Les transits au Soleil et à la Lune sont particulièrement significatifs : Neptune imprègne de toute sa symbolique les luminaires. Cela est le cas lorsque Neptune est en conjonction, c'est-à-dire au même endroit du thème, en carré, à 90 degrés, et en opposition, à 180 degrés.

La maison qui correspond au secteur identifié par le passage de Neptune est en pleine sublimation. La sublimation implique un état de conscience modifié dans ce secteur mais elle nécessite du discernement pour être vécue positivement. Avec Neptune, il est difficile d'y voir clair, les situations sont confuses, la frontière entre le rêve et la réalité est poreuse, on peut facilement se laisser berner. Je ne peux que vous conseiller d'aborder ces passages avec une spiritualité accrue, en adoptant des comportements désintéressés et en vous dédiant à une cause ou à un idéal qui vous tient à cœur, tout en limitant les risques financiers et autres investissements personnels.

1. À l'aide du tableau des maisons et de celui du détail des signes de Neptune en annexe, identifiez dans quelle maison du ciel de naissance se trouvent les degrés des signes transités.

Neptune est une planète insaisissable et il est normal, lors de ses passages, de se sentir désorienté et perdu, en prise avec des énergies très oniriques exerçant de la confusion et une forte emprise. S'il faut se méfier de Neptune, il n'en reste pas moins que ses passages peuvent aussi faire des miracles, amener une connexion au merveilleux et des rencontres absolument magiques. Le passage est bien sûr plus opérant s'il a lieu sur le Soleil, sur la Lune ou sur une planète personnelle, imprégnant de la planète toute sa symbolique. Sur les angles, son passage est aussi caractéristique de changements spectaculaires.

En résumé, que ce soit dans le thème natal ou en transit, Neptune propose d'élargir notre champ de conscience, de dissoudre les remparts de notre ego et d'être dans une plus grande empathie et compassion. Il faudra faire preuve de la plus grande maturité pour ne pas vivre cette planète d'amour inconditionnel sous une forme sacrificielle pathologique ni sous une forme de manipulation quelconque. Si Neptune n'avait qu'une question à nous poser, ce serait peut-être celle-là : « Qui serais-tu si tu n'étais qu'amour ? »

TÉMOIGNAGE

L'élection de Joe Biden et son ciel de naissance

Joe Biden a été élu président des États-Unis au moment où Neptune transitait le Fond du Ciel situé à 19 degrés du signe des Poissons. En 2020, Neptune a rétrogradé entre le 20ᵉ et le 18ᵉ degrés des Poissons, exactement sur le Fond du Ciel de Joe Biden. Les transits aux angles (Ascendant, Fond du ciel, Descendant, Milieu du Ciel) constituent des transits majeurs, des grands défis auxquels est confrontée la psyché, surtout s'il s'agit de planètes transaturniennes, car les enjeux de l'inconscient collectif y sont prépondérants.

Neptune est le symbole par excellence des enjeux collectifs en rapport avec une cause à soutenir : elle dissout les structures rigides pour diffuser une conscience empreinte d'empathie et de solidarité. Au Milieu du Ciel de Biden, Neptune valorisée signe sa vocation au service du collectif.

Le Fond du Ciel est en rapport avec les fondations de l'individu, son foyer, son enfance, ses origines, ses racines et aussi l'attachement à son pays : ce transit montre de toute évidence que le candidat a été porté par une vague neptunienne qui dépasse largement sa destinée individuelle.

Cela aurait pu se passer autrement, car les transits de Neptune peuvent aussi signifier la dissolution dans le collectif, un mirage qui crée l'illusion, le rêve qui l'emporte sur la réalité. Mais c'était de toute évidence le moment idéal pour que la vocation neptunienne de Joe Biden se diffuse à partir de ses racines les plus profondes.

....

Pluton, le diamant de l'âme

« Ce que nous avons en nous de meilleur nous effraie
autant que ce nous méprisons le plus.
Nous avons généralement peur de devenir
ce que nous n'entrevoyons que dans des circonstances
exceptionnelles, lorsque notre courage est au plus haut.
Nous apprécions, nous nous enthousiasmons même
pour ces possibilités divines que nous découvrons
en nous-mêmes à ces moments de paroxysme.
Mais en même temps, nous frissonnons de crainte,
de faiblesse et d'effroi devant ces mêmes possibilités. »

Abraham Maslow

Pluton a été découverte en 1930, au moment du développement de l'énergie nucléaire et de la création de la bombe atomique, mais aussi des avancées de la psychanalyse avec l'intégration de l'inconscient dans la structure de la psyché humaine.

Pluton est en relation avec l'atome et l'ADN, la matière la plus concentrée au centre de la vie, qui se tient dans sa partie sombre, la plus cachée. En forme de diamant, on pourrait l'imaginer au centre de la Terre ; pourtant, c'est la planète la plus éloignée du Soleil, dont la lumière met six heures pour lui parvenir. Elle est le symbole de la totalité du Système solaire et de notre psyché. Son cycle est d'environ 248 ans, au-delà du cycle humain de l'incarnation. Pluton nous relie à l'éternité et permet de transcender la mort comme un passage initiatique.

Convertir les épreuves en initiations

Planète du Scorpion, le signe le plus puissant qui soit, et dit invincible, Pluton est considérée comme le grand justicier du zodiaque, anéantissant sur son passage ce qui doit mourir pour permettre à la vie de se régénérer. C'est la planète de la mort, des deuils nécessaires, de la transformation, de la sexualité, appelée aussi « petite mort », associée au « ça » de Freud, qui contient les pulsions refoulées de colère et de destruction, mais aussi ce qui a été perçu par les instances saturniennes du moi et du surmoi comme un désir trop inavouable pour être réalisé. Pluton parle de notre partie transgressive et invincible, celle qui désintègre pour mieux traverser l'ombre, assimiler les forces de l'inconscient et accéder à son plein potentiel, au-delà du bien et du mal.

Dans la mythologie grecque, on l'associe à Hadès, le dieu des Enfers, celui qui règne aussi sur les mines d'or et les pierres précieuses. Le mythe d'Orphée et d'Eurydice nous enseigne que l'expérience des Enfers est une initiation inhérente à la condition humaine et à l'accès de la psyché dans sa totalité. Sur le plan terrestre, nous vivons dans un monde de dualité où coexistent le paradis et l'enfer.

Orphée vivait dans l'illusion que seul le paradis existait, abreuvé d'amour, de musique et de nature dans un environnement enchanteur, filant le parfait amour avec Eurydice. Ce paradis sur terre prend fin avec la morsure mortelle d'Eurydice par un serpent qui l'envoie aux Enfers, dans le royaume des morts. L'animal aurait pu être un Scorpion, tant cette épreuve relie à son maître Pluton, ce signe qui succède à la Balance, qui elle a tendance à fantasmer sur l'utopie de l'amour parfait et qui se prédispose inconsciemment à rencontrer l'envers du décor. Orphée, inconsolable, va à la rencontre d'Hadès, *alias* Pluton, le maître des Enfers, pour le supplier de ramener sa bien-aimée dans le monde des vivants. Habituellement, personne ne peut y pénétrer ni en ressortir, mais Pluton, sensible à la ferveur d'Orphée, lui laisse une chance. À une condition : il ne doit pas se retourner sur le chemin du retour. Alors qu'il est sur le point de retrouver le monde des vivants, Eurydice derrière lui, il est pris d'un doute, tant son bonheur semble trop beau pour être vrai. Pour s'assurer qu'elle est toujours là, il se retourne… Son doute lui est fatal ; Hadès n'a qu'une parole, et Orphée perd Eurydice à tout jamais.

Ce mythe porte à la fois l'épreuve de la mort et celle de la fatalité, que peut parfois revêtir l'existence. Sur le plan psychologique, il met en lumière la nécessité d'explorer le monde des profondeurs, aussi douloureuse soit-elle. Du point de vue de Pluton, les épreuves, à travers la perte, la souffrance et les deuils, nous donnent l'accès à ce monde intérieur. Et Pluton en délivre le mode d'emploi : elle laisse une chance de résurrection à celui qui ne doutera pas, c'est-à-dire à celui qui aura la foi jusqu'au bout, la foi neptunienne de l'amour qui dépasse celui que l'on projette sur une personne, l'amour inconditionnel de toute la création, au-delà de la vie et de la mort, acceptation totale et confiance absolue : la voie de la rédemption. Comme s'il fallait vivre cette intensité dévastatrice de la mort pour pouvoir s'abandonner aux eaux miraculeuses de la source divine.

La racine de Pluton, *Ploutos*, est synonyme de « richesse » et d'« abondance ». Mais il s'agit d'une richesse qui vient des profondeurs, du monde souterrain. Pour l'atteindre, il faut être capable de se relier à ce qu'il y a de plus primitif en nous, en l'occurrence le cerveau reptilien, avec ses peurs archaïques et ses mémoires transgénérationnelles, qui confère des ressources de survie et de régénération phénoménales. Pluton peut être aussi associée au phénix qui renaît de ses cendres après s'être consumé dans les flammes, symbole de mort et de résurrection. Si elle avait un ennemi, ce serait l'ego, le royaume des apparences et des faux-semblants, les rigidités du mental qui bloquent et culpabilisent, les conditionnements de toutes sortes qui jugent et appauvrissent l'âme.

Rencontrer l'ombre pour vivre dans la lumière

Avec Pluton, ce qui est refoulé doit être ramené à la lumière. Les secrets, les sujets tabous doivent être levés pour se défaire de son emprise trop forte, obsédante, angoissante, fascinante aussi. La puissance de Pluton est souvent projetée sur une personne qui lui ressemble et qui représente une transgression. Cette rencontre est le miroir de la partie refoulée de Pluton, d'un pouvoir personnel qui demande à être réapproprié. Son message principal est de prendre conscience de notre part sombre, seule condition de notre rayonnement véritable. Tant qu'elle est attribuée à l'autre, la projection empêche l'individuation.

La transformation que propose Pluton, c'est de transformer le pouvoir de l'inconscient, potentiellement négatif et destructeur, en puissance de l'être, grâce à la conscience placée sur l'obscurité. La célèbre citation de Jung : « Ce n'est pas en regardant la lumière qu'on devient lumineux, mais en plongeant dans son obscurité » résume parfaitement le principe même de la conscience d'un être qui s'éveille et se regarde en profondeur, jusqu'à ses cicatrices les plus vives.

Lors de son passage, il est normal de se sentir en plein chaos, en proie à une conscience déstabilisante de la perte lente et inéluctable de notre identité, à un nettoyage profond proche de la sidération. C'est à la fois une perte et une quête de sens, une autre dimension de la vie qui s'ouvre à nous avec une perception des jeux d'ombre et de lumière de la vie beaucoup plus aiguisée et le sentiment d'être pleinement soi-même. Certes, Pluton empoisonne la vie, mais elle nous fait le plus beau des cadeaux, celui de la découverte de notre diamant intérieur, invincible et éternel, celui du mystère de notre âme sans lequel le Soleil ne serait qu'une pâle lueur. Au même titre qu'Uranus et Neptune, elle constitue une planète d'éveil qui nous invite à regarder qui l'on est, sans complaisance et sans jugement. Elle a en commun avec Chiron d'appartenir au monde souterrain, nous mettant en contact avec nos blessures les plus profondes.

Lorsque les forces de l'inconscient se manifestent, ce n'est pas pour nous punir ou nous juger, mais pour nous libérer d'un karma devenu incompatible avec l'évolution de l'être. Cette libération peut donner d'abord le sentiment d'une dévastation de l'être et d'émotions poussées à leur paroxysme ; cela fait partie du processus de transformation qu'éclaire cette autre citation de Jung : « Sans émotions, il est impossible de transformer les ténèbres en lumière et l'apathie en mouvement. »

Pour vivre au mieux ces passages parfois très éprouvants, il est essentiel de cultiver la compassion, pour soi comme pour l'humanité, de nous aimer dans notre totalité, avec nos parties les plus sombres et les événements les plus noirs. Surtout avec eux.

Pluton en signes[1] et en maisons

Période	Signe	Apporte une transformation et une remise en question en relation avec les symboliques suivantes
Septembre 1912 – août 1938	Pluton en Cancer	Famille, origines, mémoires
Octobre 1937 – août 1957	Pluton en Lion	Expression personnelle, pouvoir de l'ego, ambition sociale
Octobre 1956 – juillet 1972	Pluton en Vierge	Pensée, science, rationalité
Octobre 1971 – août 1984	Pluton en Balance	Relation, couple, justice
Novembre 1983 – novembre 1995	Pluton en Scorpion	Sexualité, psychologie des profondeurs, transgression
Janvier 1995 – novembre 2008	Pluton en Sagittaire	Connaissance, religion, quête de sens
Janvier 2008 – novembre 2024	Pluton en Capricorne	Structure, autorité, cadre de référence
Janvier 2024 – janvier 2044	Pluton en Verseau	Innovation, idéal collectif, changements
Mars 2043 – avril 2067	Pluton en Poissons	Inconscient collectif, amour inconditionnel, dissolution des structures

Des périodes de Pluton en signes[2] peuvent se chevaucher en raison du phénomène des rétrogradations : la planète peut entrer dans un nouveau signe avant de

1. Voir le tableau récapitulatif du détail de Pluton en signes en annexe.
2. Identifiez le signe de Pluton dans votre ciel de naissance en vous reportant aux annexes.

revenir dans le signe précédent puis y retourner encore. Du point de vue de Pluton, chaque individu est né pour apporter une solution à un problème grâce à un processus de transformation. Pluton dans un signe met en évidence une problématique collective liée à la symbolique du signe, agit sur toute une génération pour la revisiter en profondeur, en la remettant en cause complètement. À chacun de personnifier sa contribution plus ou moins active au processus selon la puissance de Pluton dans son ciel de naissance.

Pluton en signes propose une transformation profonde de la symbolique du signe qui l'exacerbe puisque celui dans lequel elle se trouve sera le canal d'expression de sa puissance qui implique de vivre ses caractéristiques dans son approche la plus profonde et alchimique. Pluton prend souvent la forme d'une ombre menaçante et impalpable, celle des forces de l'inconscient, sources d'angoisses et de peurs archaïques. Elle parle de mémoires ancestrales dont nous sommes porteurs, avec pour mission de déprogrammer le karma négatif qu'elle contient et de ramener à la lumière tout son potentiel de transformation. Si elle nous fait plonger au plus profond de notre noirceur, elle détient le pouvoir de passer de l'ombre à la lumière, de l'inconscient à la puissance de l'être conscient.

Dans le ciel natal, la position de Pluton en maison indique où il est possible d'exprimer sa puissance personnelle issue de la volonté de l'âme, à condition de transformer le pouvoir de l'inconscient, de dépasser ses peurs archaïques et ses mémoires karmiques. Pluton nous parle d'un secret qui demande à être révélé et qui concentre ce qu'il y a de plus inavouable et/ou traumatique dans notre histoire : il s'agit d'une programmation inconsciente à défaire en conscience. Paradoxalement, c'est là où nous nous sentons le plus impuissants que notre puissance peut se révéler. Le refus du refoulement qu'exige Pluton nous décentre pour mieux nous transformer et nous faire accéder à notre plein potentiel.

Pluton en transit

La présence de Pluton en maison[1] induit une transformation radicale et profonde dans le secteur transité qui met plusieurs années pour opérer. Les transits au Soleil et à la Lune sont particulièrement significatifs et induisent la force plutonienne à l'œuvre pour transformer les archétypes intérieurs en relation avec leur symbolique. C'est le cas lorsque Pluton est en conjonction, c'est-à-dire au même endroit du thème, en carré, à 90 degrés, ou en opposition, à 180 degrés.

La maison qui correspond au secteur identifié par le passage de Pluton vit un processus de complète transformation qui nécessite un nettoyage en profondeur et une purification. Elle implique un deuil de l'ancienne personnalité dans les domaines en relation avec la maison concernée et crée un obscurcissement pour permettre de retrouver la lumière dans ce secteur, y apporter un sens nouveau : une nouvelle vie peut alors commencer ! C'est une promesse de régénération qui passe par la prise de conscience de son pouvoir de transformation dans ce domaine qui peut détruire beaucoup de situations du passé, mais aussi créer avec une puissance inégalée.

1. À l'aide du tableau des maisons et de celui du détail des signes de Pluton en annexe, identifiez dans quelle maison du ciel de naissance se trouvent les degrés des signes transités.

Pluton en transit intensifie la volonté de l'âme, elle nous demande avec une intensité exceptionnelle quel sens donner à sa vie et comment l'incarner. Cette notion d'incarnation est très importante, et si Pluton nous demande de mourir à nous-mêmes, c'est pour renaître à soi, comme le dit si bien Jung : « C'est l'essence que nous incarnons qui donne sens à sa vie. L'expérience serait gâchée sans son essence. »

Son passage est encore plus opérant sur le Soleil, sur la Lune ou sur une planète personnelle, imprégnant de la planète toute sa symbolique. Le passage sur les angles est aussi caractéristique de transformations spectaculaires.

En résumé, que ce soit dans le thème natal ou en transit, Pluton nous propose comme compagnons de choix la perte, la souffrance et la mort pour gagner en humanité, en profondeur et en grandeur d'âme. Elle représente une connexion sacrée et une prescience de la totalité de son être qui le rend invincible. Si Pluton n'avait qu'une question à nous poser ce serait peut-être celle-là : « Qui serais-tu si tu n'avais pas peur de la mort ? »

TÉMOIGNAGE

Gabrielle ou l'histoire d'une révélation plutonienne

C'est l'année de ses 33 ans que Gabrielle est venue me consulter. Cette jolie femme, responsable de communication dans une entreprise prestigieuse et maman de deux enfants, était plutôt heureuse dans sa vie, mais elle s'ennuyait, cherchait sa vocation et sentait une grande transformation se présenter. Son thème révèle une dimension de thérapeute. Quand je me risque à évoquer le métier de sage-femme, elle me répond que cela fait sens, qu'elle en a même rêvé plus jeune mais que ce projet ne lui semblait pas réalisable.

Après plusieurs mois, on en reparle, et si elle me dit être de plus en plus convaincue par cette voie, elle m'avoue que trop d'obstacles se mettent en travers, financiers notamment – sans parler de la difficulté du concours et de l'implication totale qu'il demande.

De mon point de vue, c'est le moment idéal pour opérer cette transformation : Pluton est au carré de sa Lune, et si pour nombre d'astrologues, c'est synonyme d'épreuves et de deuils, je vois en Gabrielle une âme qui cherche à incarner sa dimension plutonienne et je sais qu'elle en a les ressources et que c'est le bon timing. À travers Gabrielle, je refuse la fatalité du ciel et sa lecture manichéenne. Je crois que chaque configuration fortement ressentie est une opportunité de transformation, de transcendance et de sublimation. Surtout, je crois en elle.

Sa transformation, elle va la vivre en renonçant au superficiel, en allant à l'essentiel dans sa manière de consommer, en osant provoquer une rupture conventionnelle pour mettre fin à son contrat, en pratiquant assidument le kundalini yoga et en intégrant la force de l'outil de l'astrologie à laquelle elle s'est par ailleurs formée.

Elle est aujourd'hui sur le point de devenir sage-femme après avoir réussi le concours d'entrée et suivi trois années d'études.

....

La Lune noire, quête insatiable de l'absolu

« Aimer jusqu'à la déchirure, aimer,
même trop, même mal. Tenter, sans force et sans armure,
d'atteindre l'inaccessible étoile. Telle est ma quête,
suivre l'étoile, peu m'importent mes chances,
peu m'importe le temps ou ma désespérance,
et puis lutter toujours sans questions ni repos,
se damner pour l'or d'un mot d'amour. »

Jacques Brel

La Lune noire représente sans doute le point le plus mystérieux du thème, un lieu fascinant et inaccessible à la fois, que l'on s'efforce de rejoindre sans y parvenir. Une quête d'absolu inatteignable, comme si le fantasme que la Lune noire n'était finalement qu'un vide intersidéral, incompatible avec notre désir de complétude.

L'homme a toujours été un être de conquête : aller sur la Lune, explorer l'espace, chercher à faire reculer les limites de la science… plutôt qu'accepter le vide en lui, le vide tout court. L'homme ne peut pas concevoir le rien. La Lune noire fonctionne comme le lieu du plus grand désir et du plus grand manque, une sensation de vertige abyssal en commun. Elle correspond, en astronomie, au deuxième foyer vide de l'orbite lunaire autour de la Terre, l'orbite de la Lune ayant une forme elliptique, et se trouve, au moment de notre naissance, dans la partie de son orbite la plus éloignée de la Terre. C'est l'opposé de la Lune, en quelque sorte, c'est donc un point fictif, un symbole.

Le refus des compromis

Alors que la Lune représente notre zone de confort et nos besoins fondamentaux, l'enfant en nous qui a besoin de nourriture émotionnelle et la façon aussi dont on va se montrer maternel envers les autres, la Lune noire est entière, radicale et castratrice, elle refuse le relatif ou les nuances, qu'elle ne connaît pas. Son archétype est Lilith, la première femme d'Adam, avant Ève, qui veut l'égalité et refuse de se soumettre à la domination de son époux et à la loi du patriarcat. Elle échappe au contrôle du masculin et remet en cause la toute-puissance de l'homme.

Dans un thème de femme, la Lune noire représente la femme archaïque et instinctive qui a besoin de retrouver sa place. Pour rester dans une dynamique de conscience, elle sait qu'il faut faire des sacrifices. C'est la puissance du féminin à son paroxysme qui peut procréer autant qu'elle le souhaite, mais qui peut aussi ôter la vie sans états d'âme. Dans un thème d'homme, elle peut représenter une ombre perturbatrice, un féminin négligé et rejeté, une figure archaïque de l'*anima*, rencontrée à travers ses propres démons. Avec elle se profile la résurgence d'une menace inconsciente de cruauté et de castration, qu'un homme préférera souvent imputer aux femmes et sur lesquelles il projettera sa Lune noire.

C'est quand la Lune noire est rejetée qu'elle peut devenir négative : tout ce qu'elle demande, c'est l'égalité avec la puissance de l'homme. Si elle est répulsive, c'est qu'elle est rejetée, incomprise. Elle représente l'intégration consciente des instincts, le refus des compromis, avec une attitude radicale et extrémiste, qui le sera plus encore si elle est sous domination masculine. Elle est soif d'absolu impossible à étancher ; énigmatique, fascinante et insaisissable. C'est le manque qu'elle crée à l'intérieur qui crée une quête de dépassement de soi. Ce manque, c'est en quelque sorte la part de féminin oubliée, celui de la femme sacrée, directement reliée à l'âme qui a besoin de la retrouver pour guérir.

La dénonciation du patriarcat

La Lune noire explique sans doute beaucoup de phénomènes actuels, combinée à la puissance de Pluton et d'Uranus dont elle a une énergie proche, qui consistent à redonner le pouvoir aux femmes et à dénoncer les abus du patriarcat. Cette connivence se vit avant tout à l'intérieur de soi, avec les représentations intérieures du masculin que nous avons tous sous forme de mémoires engrammées, tant nos sociétés ont été marquées par le pouvoir conféré aux hommes.

Figure d'initiatrice qui reconnaît les monstres et qui va chercher à reprendre le pouvoir sur eux, elle dévoile l'indicible, nous ouvre à la transcendance, à la prise de conscience illuminatrice. Elle est transgression, remise en question, désobéissance, liberté, érotisme. Elle choisit la verticalité, le dépassement, la quête de perfection, la sublimation. Elle est lucidité sans faille, connaissance, vigilance, hyperconscience : elle est le regard qui foudroie, brûlant et glacé, extralucide, qui voit dans l'obscurité. Elle refuse le quotidien, la voie toute tracée, et voudrait quitter l'asservissement au corps, à l'incarnation. Elle refuse le facile, le banal, le superficiel, une vie trop terre à terre : elle est la signature de ceux qui n'adhérent pas au système – souvent des artistes et notamment des humoristes.

Sur un plan spirituel, elle est la quête du dépassement de soi, l'inaccessible étoile qui fait avancer l'âme. Elle cherche aussi sans répit à réhabiliter une injustice profonde liée à un manque d'amour et qui se vit à travers une faille narcissique béante, la quête impossible de retrouver l'état de fusion *in utero*.

Pas de quartier pour la Lune noire dans le thème natal

Il y a généralement trois Lunes noires représentées dans un thème qui occupent le même secteur. Pour l'analyse dans le thème, on prendra en considération la Lune noire moyenne, pour l'analyse en transit, c'est la Lune noire vraie qui est la plus opérante.

Le point opposé de la Lune noire moyenne est Priape. D'après la mythologie grecque, il est le fils d'Aphrodite et de Zeus – ou de Dionysos, selon les versions –, le dieu des Jardins, des Vergers et des Plaisirs de la chair. Ce point est un lieu terrestre de plaisirs et de ressources, où l'on se sent à l'aise, et qui présente une forte propension aux excès. La Lune noire et Priape forment donc l'axe de la quête qui a une grande importance dans le thème natal. De leur relation naît l'exaltation de l'être : Priape sans la Lune noire sera trop en demande et se sentira rejeté et abandonné ; la Lune noire sans Priape sera sans cesse insatisfaite, frustrée et revendicatrice. Seul un compromis sera source d'équilibre. La Lune noire dans un signe demande une façon personnelle de vivre le signe, car elle exacerbe les côtés négatifs du signe où elle se trouve. Cette mise en lumière de l'ombre invite fermement à renoncer à la façon infantile et inconsciente de vivre le signe, et à développer sa liberté et son expression créatrice. Le Priape, à l'opposé, peut alors être vécu à l'excès.

La Lune noire est particulièrement valorisée si elle se situe à l'Ascendant ou à côté d'un autre angle, conjoint au Soleil ou à la Lune. À côté du Soleil ou de la Lune, elle crée comme une éclipse de ce luminaire, le parent concerné ayant pu être perçu comme absent, pour une raison ou pour une autre, ou parce qu'il avait lui-même une composante très Lune noire à travers sa personnalité ou son activité, cherchant à percer les mystères de la vie.

La Lune noire crée des besoins émotionnels si forts que l'on ne peut jamais les combler. C'est une forme d'asservissement à la mère tant que la problématique maternelle n'a pas été surmontée. L'exigence est si forte que la personne peut se montrer inhumaine. À côté du Soleil, la Lune noire crée une très grande ambition pour compenser le manque ressenti d'un père. L'exigence est très forte, voire excessive, et peut même couper la personne concernée de son rayonnement en se montrant intraitable. Si elle forme une conjonction à une autre planète (moins de 10 degrés), la Lune noire va « radicaliser » la planète, lui conférant sa quête intransigeante et donnant une personnalité perfectionniste et tranchante.

La Lune noire dans les signes et dans les maisons

Avec la Lune noire et son mode radical, c'est tout l'un ou tout l'autre : soit elle est vécue à travers les excès des défauts du signe, soit elle est coupée des caractéristiques du signe. Dans les deux cas, le résultat est une profonde insatisfaction.

L'expression du signe de la Lune noire dépend de la façon dont on vit le signe de Priape, l'idéal étant de trouver le bon équilibre entre les deux, qui donnera lieu à une forme d'accomplissement, résultant du dialogue entre la quête de transcendance et la jouissance de son incarnation.

Dans les maisons, la Lune noire invite à prendre conscience de ses confusions et dépendances émotionnelles dans un certain secteur d'expérience, à contrer toute attente égocentrique et personnelle : accepter la perte du paradis, en faire le deuil pour épouser la condition humaine. Il s'agit d'une démarche spirituelle à initier dans ce secteur, à partir de laquelle le renoncement peut être source d'accomplissement.

Signe/maison	Problématique (obsessionnelle) au cœur de la quête d'absolu	Résultante comportementale	Position de Priape	Qualités-ressources	Enjeu
Bélier Maison I	Autorité Leadership	Trop guerrier ou trop passif	Balance Maison VII	Équilibre Harmonie	Trouver l'équilibre entre l'individualisme et la relation à l'autre
Taureau Maison II	Plaisirs Possessions	Trop avide ou trop détaché	Scorpion Maison VIII	Puissance psychologique Capacité de transformation	Trouver l'équilibre entre l'avoir et l'être
Gémeaux Maison III	Vérité Communication	Trop tranchant ou trop inhibé	Sagittaire Maison IX	Connaissance supérieure Connexion au ciel	Trouver l'équilibre entre le savoir et l'expérimentation
Cancer Maison IV	Protection Intégrité	Trop sur la défensive ou trop infantile	Capricorne Maison X	Sens des responsabilités Incarner sa propre autorité	Trouver l'équilibre entre ses émotions et sa vérité intérieure
Lion Maison V	Reconnaissance Prestige	Trop narcissique ou complexe d'infériorité	Verseau Maison XI	Valeurs collectives Singularité	Trouver l'équilibre entre le rayonnement personnel et la contribution désintéressée au collectif
Vierge Maison VI	Perfection Pureté	Trop dans le contrôle ou perdu	Poissons Maison XII	Intuition Empathie	Trouver l'équilibre entre la pensée cartésienne et le monde holistique

Signe/maison	Problématique (obsessionnelle) au cœur de la quête d'absolu	Résultante comportementale	Position de Priape	Qualités-ressources	Enjeu
Balance Maison VII	Relation idéale Beauté	Trop dépendant ou trop individualiste	Bélier Maison I	Courage Leadership naturel	Trouver l'équilibre entre l'individualisme et la relation à l'autre
Scorpion Maison VIII	Pouvoir Alchimie	Trop dans le pouvoir ou sous emprise	Taureau Maison II	Pragmatisme Sensorialité	Trouver l'équilibre entre l'avoir et l'être
Sagittaire Maison IX	Savoir Foi	Trop dogmatique ou sentiment d'ignorance	Gémeaux Maison III	Facultés de compréhension Communication	Trouver l'équilibre entre le savoir et l'expérimentation
Capricorne Maison X	Ambition Exigence	Trop intransigeant ou trop dans l'émotionnel	Cancer Maison IV	Sensibilité Bienveillance	Trouver l'équilibre entre ses émotions et sa vérité intérieure
Verseau Maison XI	Liberté Idéal collectif	Trop dépendant des courants sociétaux ou autocentré	Lion Maison V	Amour de soi Expression personnelle	Trouver l'équilibre entre le rayonnement personnel et la contribution désintéressée au collectif
Poissons Maison XII	Spiritualité Amour inconditionnel	Trop mystique ou trop cartésien	Vierge Maison VI	Raison Discernement	Trouver l'équilibre entre la pensée cartésienne et le monde holistique

La Lune noire en transit

La Lune noire fait le tour du zodiaque en 9 ans, un cycle lié à celui des nœuds lunaires, qui renforce sa nature karmique. En transit dans une maison[1], elle remet en question les tenants et les aboutissants de cette dernière, apportant immanquablement un inconfort, un manque. L'idée est de rectifier les domaines de cette maison, d'y montrer une plus grande lucidité, de changer de niveau de conscience et de trancher. Quand la Lune noire revient sur elle-même, tous les 9 ans, elle apporte un nouveau départ, une nouvelle dynamique personnelle et une quête renouvelée de transformation intérieure et de transcendance. Quand la Lune noire vraie transite une planète, elle déclenche souvent des prises de conscience importantes, génère des événements. Sa nature karmique peut la rendre très anxiogène et elle peut parfois véhiculer des traumatismes liés à la séparation d'avec le Grand Tout, toujours cachée derrière nos plus grandes angoisses et nos peurs.

TÉMOIGNAGE

Mon expérimentation de la Lune noire : une nouvelle approche de l'astrologie

Alors que je commençais mes études d'astrologie, j'avais repéré un transit de la Lune noire sur un point anxiogène de mon thème, qui faisait écho à une configuration similaire chez mon fils, âgé de 9 ans.
Quelques jours avant le transit exact, il m'annonce qu'il est invité à la campagne chez un ami. Je m'y oppose

1. Repérez le transit de la Lune noire dans la maison de votre ciel de naissance à l'aide du tableau en annexe.

spontanément, craignant de passer tout le week-end rongée par l'angoisse que la Lune noire entraîne un accident. Surpris, mon fils rétorque alors : « Donne-moi une bonne raison pour que je n'y aille pas. » J'ai tout de suite compris à quel danger je nous exposais : ne plus vivre parce que telle ou telle planète entrait dans cette configuration, nous laisser diriger par la peur. Je ne pouvais pas lui dire : « C'est parce que la Lune noire est sur mon Jupiter rétrograde en maison VIII et qu'en plus, c'est une pleine Lune ce jour-là, et que tu es au centre d'une inversion des nœuds » ! Alors je lui ai répondu qu'effectivement, je n'avais pas de raison valable de lui dire non.
Cette anecdote a changé définitivement mon approche de l'astrologie pour la mettre résolument au service de notre évolution au lieu de l'utiliser comme un instrument de contrôle.

....

Épilogue

L'astrologie telle que je l'ai expérimentée m'a appris que nous avons encore tout à découvrir d'elle, tant elle est corrélée à l'évolution de l'humanité, le ciel lui offrant son potentiel divin. Un retournement commence à émerger dans la conscience collective : celui d'intégrer *vraiment* le ciel à l'intérieur de soi, lui conférant une nature intrinsèquement spirituelle et divine. C'est une révolution scientifique, psychique et cellulaire qui est en train de s'opérer, produisant un saut quantique pour l'ensemble de l'humanité. À travers cet enjeu, nous voyons que l'intérêt de la discipline n'est pas de décrire le caractère d'un individu ni de tenter de prédire quoi que ce soit, mais plutôt d'intégrer à l'intérieur de soi de nouveaux paramètres de transformation et d'évolution, l'essence du zodiaque étant de nous faire accéder à tous les signes. Même si, en attendant d'y parvenir, il est bien sûr permis de s'amuser ! C'est même hautement conseillé : l'Univers adore jouer, lui aussi.

Mais pour l'avoir tant pratiquée, je crois que cette discipline sacrée demande beaucoup d'éthique, d'humilité et de respect ; elle ne permet pas longtemps que l'on se joue d'elle ou qu'on la transforme en instrument de pouvoir.

J'ai souvent à l'esprit cette citation d'André Breton : « L'astrologie est une très grande dame, fort belle et venue de si loin qu'elle ne peut manquer de me tenir sous le charme. Dans le monde purement physique, je n'en vois pas dont les atours puissent rivaliser avec les siens. Elle me paraît, en outre, détenir un des plus hauts secrets du monde. Dommage qu'aujourd'hui – au moins pour le vulgaire – trône à la place une prostituée. » Elle nous met en garde contre la vulgarisation de cette discipline, à la fois art et science, qui s'accorde très mal avec le marketing et sa dénaturation.

Si l'on peut se réjouir d'une meilleure compréhension généralisée de ce qu'elle est, la vigilance doit être accrue quant à son utilisation. Elle peut être dangereuse, aussi, quand certains dictent en son nom des vérités toutes faites et ordonnent au lieu d'orienter, de conseiller ou de suggérer. Elle demande toujours à être ramenée au cœur, en connexion avec l'autre, et cela n'a rien à voir avec le savoir ou la théorie. Il faut un engagement fort et authentique au service de plus grand que soi, que je qualifierai d'amour universel, ce que l'on appelle aussi la Source. C'est le grand enjeu de cette ère du Verseau qui se met en place, et de la conscience holistique qui se généralise : la révolution du mental qui a cours est une relativisation de la pensée cartésienne. Cette pensée cartésienne a porté préjudice à l'astrologie depuis le siècle des Lumières, pour faire triompher tout ce qui était matériellement démontrable et appréhendable par le cerveau, par définition limité. À bien y réfléchir, c'était sans doute un mal pour un bien, un passage obligé pour que cette pratique revienne en force et dans toute sa splendeur du monde des profondeurs.

L'évolution énergétique et spirituelle qui est actuellement à l'œuvre passe par la dénonciation de la suprématie du mental en tant qu'instance souveraine de décision et par le détachement d'un mode de pensée intrinsèquement dual. Ne plus analyser les choses, les personnes ou les situations de façon binaire (bien/mal, noir/blanc, positif/négatif, etc.) permet d'accéder à une vision plus globale et circulaire, à un niveau de conscience supérieure qui réconcilie science et spiritualité. Pour chacun, il s'agit d'un enjeu majeur : s'ouvrir à une nouvelle matrice. L'ancienne, qui s'est coupée de ses origines terrestre et céleste en oubliant la nature cosmique de l'humain, est en train de mourir d'elle-même, elle qui alimentait des schémas de pensée limités, des modèles de gouvernance obsolètes, un mode de consommation délirant, le non-respect de l'humain dans sa vocation divine, le non-respect de la Terre dans sa nature sacrée.

La crise majeure du coronavirus met en lumière ce passage majeur pour l'humanité, si confrontant mais si porteur d'espoir, car il ne sera plus possible de revenir dans le monde d'avant. Ce n'est pas la fin du monde mais la fin d'un monde, qui porte en elle les germes d'un nouveau en création. C'est le sens combiné de Pluton en Capricorne et d'Uranus en Taureau, les deux planètes transpersonnelles de la transformation radicale dans des signes de Terre, qui s'infiltrent au plus profond de nos racines, jusqu'au noyau central de la Terre, le cœur de son ADN, amplifié par l'inéluctabilité et l'accélération de ce changement de paradigme amené par l'ère du Verseau.

Stanislav Grof, psychiatre pionnier de la recherche sur les états de conscience modifiés, a mis en évidence le rôle constitutif dans la psyché des mémoires intra-utérines, dont certaines étapes ressemblent à une vraie traversée des enfers et à une peur effrayante de mourir qui reste comme un traumatisme engrammé. La propagation à l'échelle mondiale d'une épidémie potentiellement mortelle réactive ces peurs archaïques révélatrices, aussi, de la lumière qui leur est proportionnelle. Ces mêmes peurs déclenchent un instinct de survie phénoménal et la force motrice d'expulsion de l'élan vital. Ces peurs sont présentes et il est essentiel de les identifier et de dialoguer avec elles comme des personnages qui cherchent des issues de secours que seul l'amour peut éclairer.

À travers ces accouchements individuels, c'est la conscience du collectif qui est en jeu. Elle est sur le point de naître, prise dans ce passage si ténu, sombre et effrayant, entre deux matrices. La main divine pourra extraire l'humanité si nous trouvons l'impulsion d'aller vers elle avec la confiance d'y être accueillis en sécurité. Si nous voulons évoluer et trouver notre place dans ce nouveau monde, il nous faut mourir symboliquement à nous-mêmes, accepter de ne plus rien maîtriser de ce que nous considérions comme acquis et de remettre en question nos prétendues connaissances. Les traumatismes du passé, y compris karmiques et transgénérationnels, se manifestent avec beaucoup d'intensité pour être dégagés de ce corps physique en mutation. La crise du coronavirus nous confronte en permanence à la mort et aux ressources spirituelles qu'elle nous demande de trouver, le défi étant de l'accepter comme un moyen de transmutation.

Cela est d'autant plus difficile que des parties de nous-mêmes résistent à la lumière, trop en souffrance et absolument désespérées. Ce sont ces parties-là qui demandent particulièrement notre attention : il faut rester vigilants et ne pas nous identifier à elles. Nous avons tous le pouvoir intérieur de guérison tant espéré et attendu de l'extérieur : on retrouve bien là la main divine de Chiron, qui active les blessures pour les ramener à la conscience et les guérir. Or, en 2020, le Pluton céleste était au carré du Soleil de Chiron au moment de sa découverte, le 18 octobre 1977, à 23 degrés de la Balance, la signature d'une expérience initiatique plutonienne, comme pour mieux révéler l'humanité à Chiron et sa lumière divine. L'année 2027 correspondra sans doute à une étape majeure de cette guérison collective en raison du retour de Chiron, 50 ans après sa découverte, au 4e degré du Taureau, là où se situait Uranus en mars 2020, au moment de la prise de conscience de l'ampleur de la catastrophe.

Contrairement aux idées reçues et aux projections de nos peurs ou de nos désirs, il n'y a pas de bonnes ni de mauvaises planètes, de bonnes ni de mauvaises configurations, de bon ni de mauvais alignement, il y a des forces en présence qui activent des problématiques internes et les mettent en lumière. Ainsi, les planètes, à travers leurs mouvements et leurs symboliques, leurs énergies intrinsèques, agissent comme des activateurs de conscience afin de réduire l'influence du destin, des forces inconscientes mises au service de notre vie pour la transformer en destinée et en devenir acteurs.

L'astrologie ne nous épargne pas des épreuves, de la perte d'êtres chers ni de la souffrance physique, mais elle nous permet de rester dans la lumière en toutes circonstances, celle de la conscience, qui comprend, accepte, intègre, et fait grandir. Ainsi, l'enjeu n'est pas de savoir pour quelle profession nous sommes faits, si l'on va rencontrer l'amour ou gagner au loto, mais bien de retrouver le chemin vers soi, en intégrant les informations du ciel pour une incarnation qui fait sens. De ne pas se définir à partir de données extérieures mais de se déployer à partir de son essence divine et de l'expérimenter dans la réalité de son incarnation.

Le ciel nous ramène toujours à soi pour y trouver cet espace-temps relié à l'éternité. C'est par notre intériorité, par ce dialogue intérieur et par cet amour profond de notre être qu'il est alors possible d'approcher l'infini des possibles et de le rejoindre. Une nécessité de plus en plus présente en raison d'un taux vibratoire de la planète en augmentation qui invite l'humain à évoluer avec elle.

C'est le moment pour l'astrologie de se réinventer, de ne pas se contenter d'être un outil de connaissance de soi mais un canal au service de la guérison de l'humain, en relation intrinsèque avec le monde énergétique et la spiritualité.

ANNEXES

La carte du ciel de Carl Gustav Jung[1]

Analyse synthétique

Né le 26 juillet 1875 à 19 h 29 à Kesswil (Suisse) Carl Gustav Jung est Lion Ascendant Verseau avec la Lune en Taureau. L'axe Lion Verseau sur l'horizon met en évidence une personnalité dont les interactions entre l'individu et le collectif sont au cœur de sa construction. La particularité de son Soleil est qu'il se trouve en conjonction avec Uranus au carré de Neptune ; celle de la Lune, qu'elle se trouve en conjonction à Pluton. Les trois planètes transaturniennes, au contact des luminaires, sont automatiquement valorisées. Elles expliquent sa vocation pour la psychologie des profondeurs qui fait partie de sa nature profonde (Lune en Taureau conjointe à Pluton). Par ailleurs, Pluton et Uranus sont toutes les deux angulaires, donc prédominantes, ainsi que le Soleil au Descendant, signature de sa renommée.

La configuration de Mars en Sagittaire au Milieu du Ciel à proximité de la Lune noire évoque quant à elle la quête de sens insatiable qui caractérise sa destinée. La conjonction Mercure et Vénus en Cancer en maison VI lui confère une forte intuition et une capacité à se relier au monde des émotions, notamment du rêve et des synchronicités. Elle évoque aussi la dimension créative qu'il a mise à profit à travers ses

1. Pour la voir, se reporter à l'encart en couleur de cet ouvrage.

recherches et écrits. Jupiter en Balance et en maison VII évoque la dialectique de la relation, à travers notamment l'*animus* et l'*anima*, qui était centrale dans son concept de processus d'individuation, sans doute le moteur de sa vie, comme le met en évidence son nœud nord en Bélier et en maison II, ou comment accéder à soi dans sa vie incarnée.

Une autre caractéristique est l'opposition que forment Saturne et Uranus, toutes deux en carré à Pluton, appelée ainsi planète apex, renforçant sa puissance. Saturne, en position rétrograde dans la maison I, accentue la recherche de la vérité intérieure et crée une structure de personnalité forte, en conflit potentiel avec Uranus dans la maison VII, recherchant à s'affranchir des limites et des contraintes, notamment dans ses relations avec le monde extérieur. C'est une configuration qui symbolise de façon remarquable le processus d'individuation, à travers le dialogue entre la connaissance et la protection de soi (Saturne en I), et la libération de ce qui relève des complexes psychiques et des projections (Uranus en VII), et qui trouve son point d'achoppement et de transmutation en Pluton, planète de la transformation symbolisant les forces de l'inconscient à l'œuvre pour accéder à la volonté de l'âme et à la puissance de l'être.

Sa rupture avec Freud, si déterminante pour la suite de ses travaux, a lieu peu de temps après le retour du nœud nord sur lui-même en Bélier et en maison II (enjeu revisité d'individuation) et au moment d'un double transit de Saturne sur le Fond du Ciel (enjeu de maturité) et d'Uranus sur l'Ascendant (enjeu d'affirmation).

Le thème de Jung contient tout le potentiel d'un maître montrant le chemin pour faire de notre vie, comme de la sienne, « l'histoire d'un inconscient qui a accompli sa réalisation[1] ».

1. Première phrase de son autobiographie *Ma vie*, Paris, Gallimard, 1967.

Récapitulatif des maisons

Maison	Significations	Mots-clés
I	Façon dont on se présente au monde et dont le monde nous perçoit. Personnalité apparente. Prise de conscience de sa différence, de son unicité, force d'affirmation et désir d'autonomie.	« Je suis. » Moi, autonomie, affirmation de la personnalité, capacité à faire un, retrouvailles intérieures, naissance, renaissance.
II	Rapport au corps et au monde physique, tangible et matériel. Capacité à s'autonomiser et à faire fructifier ses acquis. Rapport à l'argent, à la valeur que l'on s'accorde.	« J'ai. » Confiance en soi, dons et talents, rapport au corps, capacité d'autonomie, investissements, instinct de propriété, possessions.
III	Façon de penser, d'interagir avec son environnement proche. Capacité à communiquer, à transmettre et partager. Force du mental.	« Je pense. » Communication, moyens d'expression, apprentissages, formation, fratrie, environnement proche.
IV	Secteur traditionnellement lié au père en tant que figure sécurisante. Évoque les fondations, les origines, les conditions de notre enfance, notre éducation, mais aussi notre capacité à construire nos propres fondations. Besoin intrinsèque de savoir qui l'on est vraiment au fond de soi.	« Je m'ancre. » Foyer, maison, racines, vérité intérieure, origines, histoire familiale, profondeur et authenticité de l'être, perfectionnement, ordre.

Maison	Significations	Mots-clés
V	Façon dont s'exprime notre enfant intérieur à travers les plaisirs de la vie. Évoque notre vie affective à travers l'amour de soi. Potentiel créatif et artistique.	« Je crée. » Amour de soi, créativité, enfants, joie, vie affective, plaisirs de la vie.
VI	Gestion du quotidien et aptitude à se perfectionner. Rapport à la santé, à l'ordre et à la discipline. Évoque notre capacité à être utile.	« Je suis utile. » Quotidien, corps, santé, travail, discipline de vie.
VII	Rencontrer objectivement ce qui n'est pas soi. Secteur de la relation, des associations, capacité à s'unir, dans le domaine privé comme professionnel. Souvent, les planètes situées dans ce secteur ne sont pas conscientisées et ont tendance à être projetées.	« Nous sommes. » La relation, les associations, le mariage, les contrats, la capacité de positionnement et l'aptitude d'engagement avec l'autre.
VIII	Utiliser et faire fructifier l'acquis du groupe, la mise en commun de la relation. Évoque l'énergie du monde invisible, celle du pouvoir psychique, sexuel, politique ou énergétique. Importance des mémoires transgénérationnelles. Intérêt pour la psychologie des profondeurs.	« Nous partageons. » L'inconnu, le monde invisible, la mort (symbolique), l'argent qui ne nous appartient pas, la mise en commun des biens issus de la sphère contractuelle, la sexualité, la transformation.
IX	Capacité à transcender l'existence. Secteur de nos croyances spirituelles, religieuses, philosophiques, de notre système de valeurs. Capacité à faire autorité, relation aux autorités dites supérieures. Appétence à découvrir de nouveaux horizons.	« Je m'élève. » L'étranger, l'élévation, l'autorité, idéal philosophique et spirituel, la religion, la haute administration.

Maison	Significations	Mots-clés
X	Secteur traditionnellement lié à la mère et à la figure éducatrice qui ouvre au monde extérieur. Conscience de sa place dans le monde. Ambition socioprofessionnelle.	« Je me réalise dans le monde extérieur. » Travail, réalisation personnelle, contribution au monde extérieur, ambition, reconnaissance sociale.
XI	Légitimité au sein du groupe (du petit groupe d'amis aux associations et au grand groupe sociétal). Capacité à exprimer ses idéaux collectifs et à les partager. Force du réseau.	« Je partage mon idéal collectif. » La place dans le groupe, l'implication au sein du collectif, les associations, l'amitié, l'engagement humaniste, la popularité.
XII	Secteur des conditionnements inconscients potentiellement enfermants. Importance de la vie inconsciente à travers les rêves et les intuitions fortes. Capacité à sublimer son sentiment de solitude en servant le monde. Le potentiel des planètes dans cette maison est d'incarner une image archétypale, un modèle pour la conscience universelle.	« Je sers le monde. » L'inconscient, le retrait du monde du quotidien, les états de conscience modifiés, le travail sur soi et sur ses conditionnements inconscients, karmiques, transgénérationnels, la contribution au monde.

Récapitulatif des signes

Signe	Élément	Priorité	Composantes	Principales qualités	Problématique principale	Qualités à intégrer
Bélier	Feu – Intuition	Être un leader incontesté	Élan vital Action Initiative	Entreprenant Audacieux Pionnier	Individualisme	Altruisme Voir qualités de la Balance
Taureau	Terre – Sensations	Avoir une belle qualité de vie	Nature Oralité Argent	Stable Confiant Esthète	Matérialisme	Profondeur Voir qualités du Scorpion
Gémeaux	Air – Pensée	Incarner l'intelligence de l'esprit	Mots Légèreté Mouvement	Curieux Sociable Rapide	Dispersion	Ancrage Voir qualités du Sagittaire
Cancer	Eau – Sentiments	Vivre dans un imaginaire créatif	Imaginaire Émotions Mémoire	Sensible Créatif Maternant	Sensiblerie	Sens des responsabilités Voir qualités du Capricorne
Lion	Feu – Intuition	Être le héros de sa vie	Mise en scène Ambition Reconnaissance	Charismatique Solaire Courageux	Arrogance	Partage Voir qualités du Verseau
Vierge	Terre – Sensations	Exceller dans le service bien fait	Ordre Pureté Intelligence analytique	Précis Dévoué Méthodique	Perfectionnisme	Confiance Voir qualités des Poissons

Signe	Élément	Priorité	Composantes	Principales qualités	Problématique principale	Qualités à intégrer
Balance	Air – Pensée	Trouver l'amour parfait	Art Justice Relation	Esthète Diplomate Altruiste	Dépendance affective	Autonomie Voir qualités du Bélier
Scorpion	Eau – Sentiments	Incarner la puissance d'être	Mystère Sexualité Complexité	Puissant Profond Résilient	Rapports de force	Sérénité Voir qualités du Taureau
Sagittaire	Feu – Intuition	Incarner la connaissance et la transmettre	Voyages Savoir Aventure	Optimiste Ambitieux Protecteur	Ingérence	Tolérance Voir qualités des Gémeaux
Capricorne	Terre – Sensations	Incarner un modèle de réussite	Concret Sérieux Longévité	Fiable Responsable Structuré	Dureté émotionnelle	Sensibilité Voir qualités du Cancer
Verseau	Air – Pensée	Incarner sa vision de l'idéal collectif	Idées Originalité Indépendance	Original Innovant Altruiste	Inadaptation sociale	Rayonnement personnel Voir qualités du Lion
Poissons	Eau – Sentiments	Vivre dans l'amour inconditionnel	Perceptions Empathie Magie	Empathique Intuitif Rêveur	Irrationalité	Discernement Voir qualités de la Vierge

Lunaisons 2021, 2022 et 2023

2021		
Phase	**Date**	**Signe de la Nouvelle Lune ou de la Pleine Lune (dans ce cas, le premier signe indiqué correspond à la position du Soleil, le second, à la position de la Lune)**
Nouvelle Lune	13 janvier	23 Capricorne
Pleine Lune	28 janvier	9 Verseau – Lion
Nouvelle Lune	11 février	23 Verseau
Pleine Lune	27 février	8 Poissons – Vierge
Nouvelle Lune	13 mars	23 Poissons
Pleine Lune	28 mars	8 Bélier – Balance
Nouvelle Lune	12 avril	22 Bélier
Pleine Lune	27 avril	7 Taureau – Scorpion
Nouvelle Lune	11 mai	21 Taureau
Pleine Lune Éclipse totale de Lune	26 mai	5 Gémeaux – Sagittaire
Nouvelle Lune Éclipse de Soleil	10 juin	19 Gémeaux
Pleine Lune	24 juin	3 Cancer – Capricorne
Nouvelle Lune	10 juillet	18 Cancer

Pleine Lune	24 juillet	1 Lion – Verseau
Nouvelle Lune	8 août	16 Lion
Pleine Lune	22 août	29 Lion – Verseau
Nouvelle Lune	7 septembre	14 Vierge
Pleine Lune	20 septembre	28 Vierge – Poissons
Nouvelle Lune	6 octobre	13 Balance
Pleine Lune	20 octobre	27 Balance – Bélier
Nouvelle Lune	4 novembre	12 Scorpion
Pleine Lune Éclipse de Lune	19 novembre	27 Scorpion – Taureau
Nouvelle Lune Éclipse totale de Soleil	4 décembre	12 Sagittaire
Pleine Lune	19 décembre	27 Sagittaire – Gémeaux

2022

Phase	**Date**	**Signe de la Nouvelle Lune ou de la Pleine Lune (dans ce cas, le premier signe indiqué correspond à la position du Soleil, le second, à la position de la Lune)**
Nouvelle Lune	2 janvier	12 Capricorne
Pleine Lune	17 janvier	27 Capricorne – Cancer
Nouvelle Lune	1er février	12 Verseau
Pleine Lune	16 février	28 Verseau – Lion
Nouvelle Lune	2 mars	12 Poissons
Pleine Lune	18 mars	27 Poissons – Vierge
Nouvelle Lune	1er avril	11 Bélier
Pleine Lune	16 avril	26 Bélier – Balance
Nouvelle Lune Éclipse de Soleil	30 avril	10 Taureau

Pleine Lune Éclipse totale de Lune	16 mai	25 Taureau – Scorpion
Nouvelle Lune	30 mai	9 Gémeaux
Pleine Lune	14 juin	23 Gémeaux – Sagittaire
Nouvelle Lune	29 juin	7 Cancer
Pleine Lune	13 juillet	21 Cancer – Capricorne
Nouvelle Lune	28 juillet	5 Lion
Pleine Lune	12 août	19 Lion – Verseau
Nouvelle Lune	27 août	4 Vierge
Pleine Lune	10 septembre	17 Vierge – Poissons
Nouvelle Lune	25 septembre	2 Balance
Pleine Lune	9 octobre	16 Balance – Bélier
Nouvelle Lune Éclipse de Soleil	25 octobre	2 Scorpion
Pleine Lune Éclipse totale de Lune	8 novembre	16 Scorpion – Taureau
Nouvelle Lune	23 novembre	1 Sagittaire
Pleine Lune	8 décembre	16 Sagittaire – Gémeaux
Nouvelle Lune	23 décembre	1 Capricorne

2023

Phase	**Date**	**Signe de la Nouvelle Lune ou de la Pleine Lune (dans ce cas, le premier signe indiqué correspond à la position du Soleil, le second, à la position de la Lune)**
Pleine Lune	6 janvier	16 Capricorne – Cancer
Nouvelle Lune	21 janvier	1 Verseau
Pleine Lune	5 février	16 Verseau – Lion

Nouvelle Lune	20 février	1 Poissons
Pleine Lune	7 mars	16 Poissons – Vierge
Nouvelle Lune	21 mars	0 Bélier
Pleine Lune	6 avril	16 Bélier – Balance
Nouvelle Lune Éclipse totale de Soleil	20 avril	29 Bélier
Pleine Lune Éclipse de Lune	5 mai	14 Taureau – Scorpion
Nouvelle Lune	19 mai	28 Taureau
Pleine Lune	4 juin	13 Gémeaux – Sagittaire
Nouvelle Lune	18 juin	26 Gémeaux
Pleine Lune	3 juillet	11 Cancer – Capricorne
Nouvelle Lune	17 juillet	24 Cancer
Pleine Lune	1er août	9 Lion – Verseau
Nouvelle Lune	16 août	23 Lion
Pleine Lune	31 août	7 Vierge – Poissons
Nouvelle Lune	15 septembre	21 Vierge
Pleine Lune	29 septembre	6 Balance – Bélier
Nouvelle Lune Éclipse de Soleil	14 octobre	21 Balance
Pleine Lune Éclipse de Lune	28 octobre	5 Scorpion – Taureau
Nouvelle Lune	13 novembre	20 Scorpion
Pleine Lune	27 novembre	4 Sagittaire – Gémeaux
Nouvelle Lune	12 décembre	20 Sagittaire
Pleine Lune	27 décembre	4 Capricorne – Cancer

Récapitulatif des rétrogradations de Mercure

2021	Du 30 janvier au 21 février 26 Verseau – 11 Verseau Du 29 mai au 22 juin 24 Gémeaux – 16 Gémeaux Du 27 septembre au 18 octobre 25 Balance – 10 Balance
2022	Du 14 janvier au 4 février 10 Verseau – 24 Capricorne Du 10 mai au 3 juin 4 Gémeaux – 26 Taureau Du 10 septembre au 2 octobre 8 Balance – 24 Vierge Du 29 décembre 2022 au 18 janvier 2023 24 Capricorne – 8 Capricorne
2023	Reprise directe le 18 janvier à 8 Capricorne Du 21 avril au 15 mai 15 Taureau – 5 Taureau Du 23 août au 15 septembre 21 Vierge – 8 Vierge Du 13 décembre 2023 au 2 janvier 2024 8 Capricorne – 22 Sagittaire

2024	Reprise directe le 2 janvier à 22 Sagittaire Du 1er au 25 avril 27 Bélier – 16 Bélier Du 5 au 28 août 4 Vierge – 21 Lion Du 26 novembre au 15 décembre 22 Sagittaire – 6 Sagittaire
2025	Du 15 mars au 7 avril 9 Bélier – 26 Poissons Du 18 juillet au 11 août 15 Lion – 4 Lion Du 9 au 29 novembre 6 Sagittaire – 21 Scorpion
2026	Du 26 février au 20 mars 22 Poissons – 8 Poissons Du 29 juin au 23 juillet 26 Cancer – 16 Cancer Du 24 octobre au 13 novembre 20 Scorpion – 5 Scorpion
2027	Du 9 février au 3 mars 5 Poissons – 20 Verseau Du 10 juin au 4 juillet 6 Cancer – 27 Gémeaux Du 7 octobre au 28 octobre 4 Scorpion – 19 Balance
2028	Du 24 janvier au 14 février 19 Verseau – 4 Verseau Du 21 mai au 14 juin 16 Gémeaux – 7 Gémeaux Du 19 septembre au 11 octobre 18 Balance – 3 Balance

2029	Du 7 janvier au 27 janvier 3 Verseau – 17 Capricorne Du 1er mai au 25 mai 26 Taureau – 17 Taureau Du 2 septembre au 25 septembre 1 Balance – 17 Vierge Du 22 décembre 2029 au 11 janvier 2030 17 Capricorne – 1 Capricorne
2030	Reprise directe le 11 janvier à 1 Capricorne Du 13 avril au 6 mai 7 Taureau – 27 Bélier Du 16 août au 8 septembre 14 Vierge – 1 Vierge Du 6 décembre au 25 décembre 1 Capricorne – 15 Sagittaire

Récapitulatif des rétrogradations de Vénus

2021-2022	Du 19 décembre 2021 au 29 janvier 2022 26 Capricorne – 11 Capricorne
2023	Du 23 juillet au 4 septembre 28 Lion – 4 Lion
2024	—
2025	Du 2 mars au 13 avril 10 Bélier – 24 Poissons
2026	Du 3 octobre au 14 novembre 8 Scorpion – 22 Balance
2027	—
2028	Du 10 mai au 22 juin 19 Gémeaux – 3 Gémeaux
2029	Du 16 décembre 2029 au 26 janvier 2030 24 Capricorne – 8 Capricorne
2030	Reprise directe de Vénus le 26 janvier 2030 à 8 Capricorne

Récapitulatif des rétrogradations de Mars

2021	—
2022	Du 30 octobre 2022 au 12 janvier 2023 25 Gémeaux – 8 Gémeaux
2023	Reprise directe le 12 janvier 2023 à 8 Gémeaux
2024	Du 6 décembre 2024 au 24 février 2025 6 Lion – 17 Cancer
2025	Reprise directe le 24 février à 17 Cancer
2026	—
2027	Du 10 janvier au 1er avril 10 Vierge – 20 Lion
2028	—
2029	Du 14 février au 5 mai 13 Balance – 24 Vierge
2030	—

Détail de Jupiter en signes (2021-2030)

Année	Position en degrés du signe au 1er janvier	Rétrogradation
2021	2 Verseau	Du 20 juin au 18 octobre 2 Poissons – 22 Verseau
2022	0 Poissons	Du 28 juillet au 23 novembre 8 Bélier – 28 Poissons
2023	1 Bélier	Du 4 septembre au 31 décembre 15 – 5 Taureau
2024	5 Taureau	Du 9 octobre 2024 au 4 février 2025 21 Gémeaux – 11 Gémeaux
2025	13 Gémeaux	Du 11 novembre 2025 au 11 mars 2026 25 Cancer – 15 Cancer
2026	21 Cancer	Du 12 décembre 2026 au 13 avril 2027 27 Lion – 17 Lion
2027	26 Lion	Reprise directe le 13 avril 2027 à 17 Lion
2028	27 Vierge	Du 12 janvier au 13 mai 27 Vierge – 17 Vierge
2029	24 Balance	Du 10 février au 13 juin 27 Balance – 17 Balance
2030	20 Scorpion	Du 13 mars au 15 juillet 27 Scorpion – 17 Scorpion

Détail de Saturne en signes (2021-2030)

Année	Position en degrés du signe au 1er janvier	Rétrogradation
2021	1 Verseau	Du 23 mai au 17 octobre 13 – 6 Verseau
2022	11 Verseau	Du 4 juin au 23 octobre 25 – 18 Verseau
2023	22 Verseau	Du 17 juin au 4 novembre 7 – 0 Poissons
2024	3 Poissons	Du 29 juin au 15 novembre 19 – 12 Poissons
2025	14 Poissons	Du 13 juillet au 28 novembre 1 Bélier – 25 Poissons
2026	26 Poissons	Du 26 juillet au 10 décembre 14 – 7 Bélier
2027	8 Bélier	Du 9 août au 24 décembre 27 – 21 Bélier
2028	21 Bélier	Du 22 août 2028 au 5 janvier 2029 11 Taureau – 4 Taureau
2029	4 Taureau	Du 6 septembre 2029 au 19 janvier 2030 25 Taureau – 18 Taureau
2030	18 Taureau	Du 20 septembre 2030 au 2 février 2031 8 Gémeaux – 2 Gémeaux

Les transits de Chiron

Année	Degrés du signe transité	Station directe (d.) et rétrograde (r.)
2021	5 – 12 Bélier	16 juillet r. 20 décembre d.
2022	8 – 16 Bélier	20 juillet r. 23 décembre d.
2023	11 – 19 Bélier	24 juillet r. 27 décembre d.
2024	15 – 23 Bélier	27 juillet r. 30 décembre d.
2025	19 – 27 Bélier	31 juillet r.
2026	22 Bélier – 0 Taureau	3 janvier d. 4 août r.
2027	26 Bélier – 4 Taureau	6 janvier d. 8 août r.
2028	0 – 8 Taureau	10 janvier d. 12 août r.
2029	3 – 12 Taureau	13 janvier d. 16 août r.
2030	7 – 16 Taureau	17 janvier d. 21 août r.

Détail d'Uranus en signes (2021-2030)

Année	Position en degrés du signe au 1er janvier	Rétrogradation
2021	6 Taureau	Du 19 août 2021 au 18 janvier 2022 14 – 10 Taureau
2022	10 Taureau	Du 24 août 2022 au 22 janvier 2023 18 – 15 Taureau
2023	15 Taureau	Du 28 août 2023 au 27 janvier 2024 23 – 19 Taureau
2024	19 Taureau	Du 1er septembre 2024 au 30 janvier 2025 27 – 23 Taureau
2025	23 Taureau	Du 6 septembre 2025 au 4 février 2026 1 Gémeaux – 27 Taureau
2026	27 Taureau	Du 10 septembre 2026 au 8 février 2027 5 – 1 Gémeaux
2027	2 Gémeaux	Du 15 septembre 2027 au 12 février 2028 9 – 5 Gémeaux
2028	6 Gémeaux	Du 18 septembre 2028 au 16 février 2029 14 – 10 Gémeaux
2029	11 Gémeaux	Du 23 septembre 2029 au 20 février 2030 18 – 14 Gémeaux
2030	15 Gémeaux	Du 28 septembre 2030 au 25 février 2031 22 – 18 Gémeaux

Détail de Neptune en signes (2021-2030)

Année	Position en degrés du signe au 1er janvier	Rétrogradation
2021	18 Poissons	Du 25 juin au 1er décembre 23 – 20 Poissons
2022	22 Poissons	Du 28 juin au 3 décembre 25 – 22 Poissons
2023	22 Poissons	Du 30 juin au 6 décembre 27 – 24 Poissons
2024	25 Poissons	Du 2 juillet au 7 décembre 29 – 27 Poissons
2025	27 Poissons	Du 4 juillet au 10 décembre 2 Bélier – 29 Poissons
2026	29 Poissons	Du 7 juillet au 12 décembre 4 – 1 Bélier
2027	1 Bélier	Du 9 juillet au 15 décembre 6 – 3 Bélier
2028	3 Bélier	Du 11 juillet au 16 décembre 8 – 6 Bélier
2029	6 Bélier	Du 13 juillet au 19 décembre 11 – 8 Bélier
2030	8 Bélier	Du 16 juillet au 21 décembre 13 – 10 Bélier

Détail de Pluton en signes (2021-2030)

Année	Position en degrés du signe au 1er janvier	Rétrogradation
2021	24 Capricorne	Du 27 avril au 6 octobre 26 – 24 Capricorne
2022	25 Capricorne	Du 29 avril au 8 octobre 28 – 26 Capricorne
2023	27 Capricorne	Du 1er mai au 10 octobre 0 Verseau – 27 Capricorne
2024	29 Capricorne	Du 2 mai au 11 octobre 2 Verseau – 29 Capricorne
2025	1 Verseau	Du 4 mai au 14 octobre 3 – 1 Verseau
2026	2 Verseau	Du 6 mai au 16 octobre 5 – 3 Verseau
2027	4 Verseau	Du 8 mai au 18 octobre 7 – 4 Verseau
2028	5 Verseau	Du 9 mai au 19 octobre 8 – 6 Verseau
2029	7 Verseau	Du 10 mai au 20 octobre 10 – 8 Verseau
2030	9 Verseau	Du 12 mai au 22 octobre 12 – 9 Verseau

Les transits de la Lune noire vraie (2021-2030)

Année	Position zodiacale au 1er janvier (passe en mouvement direct sur l'ensemble des degrés des signes dans l'ordre suivant : Bélier, Taureau, Gémeaux, Cancer, Lion, Vierge, Balance, Scorpion, Sagittaire, Capricorne, Verseau, Poissons)
2021	6 Taureau
2022	1 Cancer
2023	7 Cancer
2024	13 Vierge
2025	7 Balance
2026	22 Sagittaire
2027	24 Sagittaire
2028	27 Verseau
2029	13 Poissons
2030	8 Gémeaux

Bibliographie

ARROYO Stephen, *Astrologie, karma et transformation* [1978], Paris, Rocher, 1987 (pour la traduction française).

ATALANE, *Les Nœuds de la Lune. Clés de l'interprétation astrologique*, Paris, Rocher, 1987.

AUROBINDO Sri, *Le Cycle humain*, Paris, Buchet-Chastel, 1995.

BIGÉ Luc, *La Lune noire. Un vertige d'absolu*, Paris, Janus, 2013.

BOURBEAU Lise, *Les Cinq Blessures qui empêchent d'être soi-même*, Paris, Pocket, 2013.

CORNEAU Guy, *Victime des autres, bourreau de soi-même*, Paris, J'ai Lu, 2004.

GRAVELAINE (DE) Joëlle, *Connaissez-vous par votre signe astral*, Paris, Jacques Grancher, 1975.

GREEN Jeff, *Pluton. Les métamorphoses nécessaires*, Paris, Janus, 2006.

GREENE Liz et SASPORTAS Howard, *Astrologie. Les dynamiques de l'inconscient*, Paris, Rocher, 1994.

GREENE Liz, *Le Guide astrologique des relations humaines*, Paris, Rocher/Jean-Paul Bertrand, 1987.

GROF Stanislas, *Psychologie transpersonnelle* [1984], Paris, Rocher, 1990.

HILLMAN James, *Le Code caché de votre destin*, Paris, Robert Laffont, 1999.

JANSSEN Thierry, *La Solution intérieure*, Paris, Pocket, 2011.

JUNG Carl Gustav, *Ma vie*, Paris, Gallimard, 1967.

KORNFIELD Jack, *Après l'extase, la lessive*, Paris, Pocket, 2010.

MONBOURQUETTE Jean, *Apprivoiser son ombre*, Montesson, Novalis, 2010.

NABATI Moussa, *Guérir son enfant intérieur*, Paris, Le Livre de Poche, 2009.

REINHART Mélanie, *Chiron et la voie de la guérison*, Paris, Janus, 2014.

RUDHYAR Dane, *L'Astrologie de la transformation*, Paris, Rocher, 1984.

RUIZ Miguel, *Les Quatre Accords toltèques*, Paris, Jouvence, 2012.

RUPERTI Alexander, *Les Cycles du devenir*, Paris, Rocher, 1981.

SASPORTAS Howard, *The Gods of Change* [Londres, Penguin, 1989], Bournemouth, The Wessex Astrologer, 2007.

SATPREM, *Le Mental des cellules*, Paris, Robert Laffont, 1981.

SOUZENELLE (DE) Annick, *Va vers toi*, Paris, Albin Michel, 2013.

VOUGA Charles, *Une astrologie pour l'ère du Verseau*, Paris, Rocher, 1979.

Table des matières

Composition et mise en pages
Nord Compo à Villeneuve-d'Ascq

MIXTE
Papier issu de sources responsables
FSC® C003309

L'éditeur de cet ouvrage s'engage dans une démarche de certification FSC® qui contribue à la préservation des forêts pour les générations futures.

Pour en savoir plus :
www.editis.com/engagement-rse/

CET OUVRAGE
A ÉTÉ ACHEVÉ D'IMPRIMER
SUR ROTO-PAGE
PAR L'IMPRIMERIE FLOCH
À MAYENNE EN MAI 2021

N° d'édition : 61499/01 – N° d'impression : 98376
Dépôt légal : mai 2021
Imprimé en France

Canoros
Vehit
Canentes